NUMÉRO 12 CATALOGUE MENSUEL DÉCEMBRE 1886

ÉTRENNES

1887

OUVRAGES ILLUSTRÉS

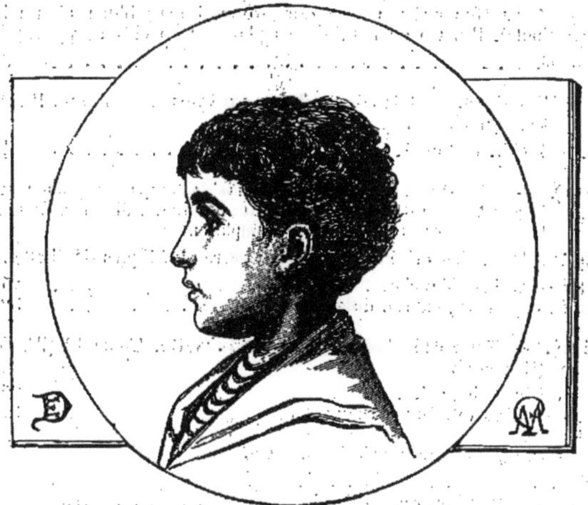

PARIS
C. MARPON ET E. FLAMMARION
LIBRAIRES
GALERIES DE L'ODÉON, 1 A 9, 12 A 18, ET RUE ROTROU, 4.
VAILLANT, *Gérant.*

NOTA. — *La Librairie se charge de fournir les livres de tous les éditeurs, avec une remise variant de* 15 à 20 *p.* 100, *les partitions, avec remise de* 25 *p.* 100 *et les morceaux de musique, avec* 70 *p.* 100 *de remise, le port à la charge du destinataire*

NOUVEAUTÉS D'ÉTRENNES

Pour la province, le port en sus.

		PRIX à PARIS
AUGUSTIN (Thierry). — **Récits des temps mérovingiens.** 1 magnifique vol. in-4, contenant 42 dessins de J.-Paul Laurens (Hachette).		
Broché	30. »	24. »
Cart., fers spéciaux	40. »	32. »
DIEULAFOY (Mme). — **La Perse, la Chaldée, la Susiane.** Voyages effectués en 1883-1886. 1 vol. gr. in-8 (Hachette)	50. »	40. »
Richement cartonné	65. »	52. »
Le Tour du monde, publié sous la direction de Charton.		
Année 1886, 2 vol., broché	25. »	20. »
— demi-chagrin, t. d.	31. »	26. »
CALDECOTT. — **Nouvelles scènes humoristiques.** 1 magnifique album in-4 oblong (Hachette). Illustré de nombreuses planches en chromotypographie.		
Cartonné	8. »	6.50
GREENNAWAY (Miss Kate). — **Histoire d'une tourte aux pommes.** Illustrations en couleurs (Hachette).		
1 vol. in-4 obl., cartonné	4. »	3.25
DURUY (Victor). — **Histoire des Grecs,** depuis les temps les plus reculés jusqu'à la réduction de la Grèce en province romaine. Edition refondue et enrichie de 2,000 gravures et de 50 cartes et plans.		
Tome 1er, depuis les origines jusqu'aux guerres médiques (Hachette).		
1 fort volume in-8, broché	25. »	20. »
Relié, fers spéciaux, ou rel. d'amateur	32. »	26. »
RECLUS (Elisée). — **Nouvelle Géographie universelle.** Tome 12 (l'Afrique occidentale) (Hachette).		
1 fort. vol in-8, broché	25. »	20. »
Rel. amateur ou rel. fers spéciaux	32. »	26. »
Le Journal de la jeunesse, année 1886. 2 vol.		
Broché	20. »	16. »
Cartonnage percaline, rel. en 2 vol	26. »	21. »
PERROT et CHIPIEZ. — **Histoire de l'Art dans l'antiquité**, tome 4 : Sardaigne, Judée, Asie Mineure (ouvrage contenant 8 planches et 400 gravures.		
1 fort vol. in-8	30. »	24. »
Rel. richement, fers spéciaux, tr. dorées	37. »	28. »
LENTZ (Dr Oscar). — **Tombouctou**, voyages au Maroc, au Sahara et au Soudan. Ouvrage contenant 46 gravures et 1 carte (Hachette).		
2 vol. in-8, brochés	15. »	12. »
Demi-rel., tr. dor.	23. »	19. »
RECLUS (Onésime). — **La France et les colonies.** 1 magnifique vol. in-8 contenant 200 gravures sur bois et 19 cartes (Hachette).		
Broché	13. »	10.50

NOUVEAUTÉS D'ÉTRENNES

		PRIX à PARIS
DICKENS — **Nicolas Nickleby.** 1 beau vol. in-8, traduit de l'anglais et illustré de 70 gravures sur bois (Hachette).		
Cart. toile.	8. »	6.50
DESLYS (Charles). — **L'Héritage de Charlemagne.** 1 vol. in-8, illustré de 129 gravures (Hachette).		
Cart., tr. dor.	10. »	8. »
Nouvelle collection à l'usage de la jeunesse (Hachette).		
GIRARDIN (J.). — **Le Capitaine Bassinoire.** 1 volume illustré de 119 gravures.	6. »	4.75
COLOMB (Mme). — **Jean l'innocent.** 1 vol. illustré de 112 grav.	6. »	4.75
GIRON (Aimé). — **Les Trois Rois mages.** 1 vol. ill. de 60 grav.	6. »	4.75
FLEURIOT (Zénaïde). — **Le Clan des têtes chaudes.** 1 vol. illustré de 65 gravures.	6. »	4.75
BLANDY (Mme). — **Rouzétou.** 1 vol. ill. de 112 grav.	6. »	4.75
CHÉRON DE LA BRUYÈRE (Mme). — **La Tante Derbier.** 1 volume illustré de 50 grav.	6 »	4.75
FRANCE (Anatole). — **Nos enfants,** scènes de la ville et des champs (Hachette).		
1 beau volume in-8, contenant 36 gravures et 24 planches en chromotypographie	10. »	8. »
Roméo et Juliette. Tragédie de Shakspeare, traduit en vers par Daffry de la Monsiou. Ouvrage illustré de 10 grandes compositions, par Andriolli (Didot).		
1 vol. gr. in-4, broché.	40. »	32. »
Relié.	50. »	40. »
GONCOURT (Ed. et Jules de). — **La Femme au XVIIIe siècle,** illustré de 60 grav. sur cuivre, d'après les originaux de l'époque (Didot).		
1 vol. in-4, broché.	30. »	24. »
Relié.	40. »	32. »
LE BON (Dr Gustave). — **Les Civilisations de l'Inde,** ill. de 350 gravures et 7 chromo (Didot).		
1 vol. in-4, broché.	30. »	24. »
Rel. fers spéciaux ou rel. d'amateur	40. »	32. »
DESBEAUX (Emile). — **Le Secret de mademoiselle Marthe,** illustré de nombreuses gravures (Ducrocq).		
1 beau vol. in-8, rel. percaline, tr. dor.	10. »	8. »
FOURNEL (Victor). — **Le vieux Paris,** fêtes, jeux et spectacles. 1 vol. in-4, ill. de 165 grav. (Mame).		
Richement cartonné en percaline.	20. »	16. »
LEVALLOIS (Jules). — **Les Maîtres italiens en Italie.** 1 volume in-8, illustré de 92 grav.		
Cart. percaline, tr. dor.	20. »	16. »
MANGIN (Arthur). — **Histoire des Jardins** anciens et modernes. 1 vol. in-4, orné de 70 grav. Percaline, tr. dor. (Mame).	8. »	6.50

NOUVEAUTÉS D'ÉTRENNES

		PRIX à PARIS
Magasin pittoresque (année 1886). 1 vol. in-8, broché	10. »	8. »
Cartonné	11.50	9.50
DAUDET. — **Aventures** prodigieuses de Tartarin de Tarascon. 1 vol. in-8, orné de 200 dessins (Dentu). Broché	10. »	8. »
Cartonné, fers spéciaux	14. »	11.50
IMBERT DE ST-AMAND. — **Les Femmes de Versailles,** la cour de Louis XIV et Louis XV. 1 vol. in-8, orné de 20 planches (Dentu). Broché	20. »	16. »
Rel., fers spéciaux	30. »	24. »
BERNARDIN DE ST-PIERRE. — **Paul et Virginie.** Illustrations de Maurice Leloir (Launette). 1 beau vol. in-8, broché	40. »	32. »
Cartonné, fers spéciaux	45. »	36. »
Rel. amat., dos et coins maroq.	55. »	44. »
THEURIET (André). — **Nos Oiseaux.** 110 grandes compositions de Giacomelli (Launette). 1 vol. in-4, broché	20. »	16. »
Richement cartonné	25. »	20. »
BADIN (Ad.). — **Jean Casteyras.** 1 beau vol. in-8, illustré de nombreuses gravures, cart., plaque, tr. dor. (Hetzel)	10. »	8. »
CANDÈZE (D[r]). — **Périnette.** 1 vol. in-8, illustré, cart., plaque, tranches dorées (Hetzel)	10. »	8. »
LAURIE (André). — **Autour d'un lycée japonais.** 1 vol. in-8, ill., cart., plaque, fers (Hetzel)	10. »	8. »
RATISBONNE. — **Le Capitaine Trafalgar.** 1 beau vol. in-8, ill., rel., plaque, tr. dor., fers	10. »	8. »
TOLSTOI (Léon). — **L'Enfance et l'Adolescence.** 1 vol. in-8, ill., cartonnage riche, tr. dor., plaque	10. »	8. »
VERNE (Jules). — **Robur-le-Conquérant.** Un Billet de loterie. Les deux vol. réunis en un grand in-4, ill. de nombreuses gravures, broché	9. »	6.75
Rel., plaque	12. »	9. »
Chaque vol. séparé, broché	5. »	4. »
Rel. toile, plaque	7. »	5.25
AUDEVAL. — **La Famille de Michel Kagenet.** 1 vol. in-8, ill. (Hetzel). Rel., plaque, fers spéciaux	7. »	5.25
VADIER. — **Blanchette.** 1 vol. in-8, ill., rel., plaque, fers spéciaux	7. »	5.25
La Nature, revue des sciences (année 1886). 1 vol. in-4°, br.	10. »	8. »
Rel. riche, dorée sur tranches	13.50	11. »
MARC TWAIN. — **Les Aventures** de Hucks-Finn. Ouvrage traduit de l'anglais. 1 beau vol. in-4, ill. de 73 dessins, rel. toile, fers	8. »	6.50
MULLER. — **Nizelle.** Souvenirs d'un orphelin. 1 beau vol. in-8, ill. de 68 dessins, rel. toile, tr. dor., fers	10. »	8. »
Titien, sa vie et son œuvre, par Georges Lafenestre. 1 magnifique vol. in-folio, ill. de 50 planches gravées à l'eau-forte. Edition sur papier vélin, avec cart. artistique	100. »	80. »

NOUVEAUTÉS D'ÉTRENNES

		PRIX à PARIS
HOMÈRE. — **L'Iliade.** Ill. de Henri Motte. 1 beau vol. in-4, orné de 24 compositions en héliogravure, br.	40. »	32. »
DUMAS (Alexandre). — **La Dame aux camélias.** 1 vol. in-4 de grand luxe, ill. de 30 en-tête de chapitres et de 10 eaux-fortes hors texte, br.	50. »	40. »
BARRON (Louis). — **Les Environs de Paris.** 1 magnifique vol. in-4 de 600 p. et ill. de 500 dessins d'après nature, par G. Fraipont, broché	30. »	24. »
Cart., fers spéciaux	37. »	30. »
BOUSSENARD (Louis). — **Les Grandes Aventures** d'un gamin de Paris au pays des lions. 1 beau vol. in-8, ill. de nombreux dessins, br.	9. »	6.75
Relié, fers spéciaux	12. »	9. »
HOCHE (Jules). — **Le Pays des Croisades.** 1 vol. in-8, ill., br.	15. »	11.25
Relié, fers spéciaux	20. »	15. »
FIGUIER (Louis). — **Les Mystères de la Science.** 1 beau vol. in-8, illustré, broché	20. »	16. »
Rel., fers spéciaux	25. »	20. »
BONHOMME (Paul). — **Le Grand Frère.** 1 vol. in-8, avec 80 dessins dans le texte, rel., fers spéciaux, tr. dor.	12. »	10. »
Hughes le Roux. Médérec et Lisée. 1 vol. in-8, ill. de 70 dessins de Dillon, rel., fers spéciaux	6. »	5. »
Sindbad le Marin. 1 vol. in-8, ill. de 70 dessins, rel., fers spéciaux	6. »	5. »
JULLIEN (Adolphe). — **Richard Wagner,** sa vie et ses œuvres. 1 vol. in-folio, ill. de 14 lithographies originales, de 15 portraits de Wagner et de 120 gravures, broché	40. »	32. »
Rel. d'amateur, tête dorée	50. »	42. »
Saint-Nicolas, journal illustré pour garçons et filles (1886). 1 vol. in-8, br. (Delagrave)	18. »	14.50
Rel., fers spéciaux	22. »	18. »
La Farce de Maître Pathelin, comédie moyen âge. 1 magnifique album in-8, avec 16 planches, par Boutet de Monvel	10. »	8. »
Histoire de Saint-Cyr, par un Saint-Cyrien. Ouvrage orné de 50 planches en phototypie. 1 vol. gr. in-8 (Delagrave), br.	20. »	16. »
Demi-chagr., tr. dor.	25. »	20. »
Vie des Saints, par Mgr Paul Guérin. Edition artistique, illustrée avec le plus grand soin par Yan d'Argent (Palmé). 2 vol. in-4, br.	60. »	50. »
Cartonnage, plaque spéciale	70. »	58. »
LASSERRE. — **Episodes miraculeux de Lourdes.** T. II et suite de « Notre-Dame de Lourdes ». Illustrations par Yan d'Argent (Palmé). 1 vol. gr. in-4, broché	25. »	20. »
Relié, plaque spéciale, tr. dor.	30. »	25. »
PLON (Eugène). — **Leone Leoni,** sculpteur de Charles-Quint, et Pompeo Leoni, sculpteur de Philippe II. 1 vol. gr. in-4, br.	50. »	40. »
Relié toile, fers spéciaux	60. »	48. »
MILLAUD (Albert). — **La Comédie du Jour** sous la République athénienne. 1 vol. gr. in-8, ill. de 380 dessins de Caran d'Ache (Plon). Br.	20. »	16. »
Relié, fers spéciaux	24. »	19.50

NOUVEAUTÉS D'ÉTRENNES

		PRIX à PARIS
BIART (Lucien). — **Quand j'étais petit.** Histoire d'un enfant racontée par un homme. 1 vol. in-8 richement illustré (Plon). Br.	10. »	8. »
Cart., fers spéciaux	12. »	9.50
CRAFTY. — **L'Equitation puérile et honnête.** Petit traité à la plume et au pinceau (Plon). 1 album oblong richement ill.	10. »	8. »
MARS. — **Nos Chéris** chez eux, à la ville, à la mer et à la campagne (Plon). 1 beau vol. album, ill. en couleurs, cart., fers spéciaux	10. »	8. »
FROMENTIN (Eugène). — **Sarah et Sahel.** Nouvelle édition. 1 superbe vol. in-8, illustré de 12 eaux-fortes (Plon). Br.	20. »	16. »
Demi-rel. chagr.	25. »	20. »
Les Reines de France. Edition de luxe, ill. de 12 portraits gravés sur bois (Ducrocq). 1 vol. in-8, br.	10. »	8. »
Rel., fers spéciaux, tr. dor.	14. »	11.50
Histoire de France par Grand-Papa. 1 vol. album en vers, avec éphémérides en regard, orné de 12 compositions (Ducrocq). Riche rel., plaque.	10. »	8. »
MATTHIS. — **Les Deux Gaspards.** 1 charmant vol. in-4, ill. de 33 compositions, rel. toile rouge, plaque (Furne)	6.50	5.25
MANESSE. — **La Veillée au pays breton.** 1 beau vol. in-4, ill. de 82 grav., rel. toile rouge, plaque	6.50	5.25
DAUDET (Alphonse). — **La Belle-Nivernaise.** Histoire d'un vieux bateau et de son équipage. Edition de grand luxe (Marpon et Flammarion). 1 vol. gr. in-4, broché	10. »	8. »
Rel. toile, tr. dor., plaque	14. »	10. »
BARBOU (Alfred). — **La Vie de Victor Hugo.** Edition ill. de Bayard, Giacomelli, J.-P. Laurens, etc. (Dessins de Victor Hugo.) (Marpon et Flammarion). 1 vol. gr. in-8, br.	6.50	5. »
Rel. toile, tr. dor., plaque	10. »	7.50
CLARETIE (Léo). — **Paris depuis ses origines** jusqu'en l'an 3000, avec une préface de Jules Claretie. 1 beau vol. in-4, ill. par Kauffmann (Charavay). Broché	12. »	10. »
Rel., tr. dor., fers spéciaux	15. »	12. »
THÉO-CRITT. — **Journal d'un officier malgré lui.** 1 petit vol. in-16 carré, ill. de 17 eaux-fortes et 150 dessins	40. »	32. »
Tirage à 200 exemplaires numérotés.		
HURTREL (Mme Alice). — **La Femme,** sa condition sociale depuis l'antiquité jusqu'à nos jours (Hurtrel). 1 magnifique vol. in-4, richement illustré, br.	20. »	16. »
Rel. toile, fers spéciaux	25. »	20. »
DIGUET (Charles). — **Mémoires d'un Lièvre.** 1 vol. in-4 carré, ill. de 55 dessins (Frinzine). Rel. toile, fers spéciaux	9. »	7.25
NEUVILLE (de). — **En campagne** (2e série). 1 volume in-4, relié, fers spéciaux	13.50	11. »
MOUTON (Mérinos). — **Histoire de l'Invalide à la tête de bois.** 1 beau vol. de 200 pages, comprenant deux photogravures, douze aquarelles et de nombreux dessins en couleur (Baschet). Br.	25. »	20. »
Relié	30. »	24. »

JULES VERNE COMPLET

VOYAGES EXTRAORDINAIRES

Couronnés par l'Académie.

VOLUMES GRAND IN-8° ILLUSTRÉS

Deux Ouvrages réunis en un volume
Broché . . . . 9 *fr.*, *net* 7 *fr.* 50
Cartonné . . 12 *fr.*, *net* 10 *fr.* »
Relié . . . . 14 *fr.*, *net* 11 *fr.* »

Robur-le-Conquérant. — Un Billet de Loterie.
L'Etoile du Sud. — L'Archipel en feu.
L'Etoile des Robinsons. — Le Rayon-Vert.
Les 500 Millions de La Bégum. — Les Tribulations d'un Chinois en Chine.
Le Docteur Ox. — Le Tour du Monde en 80 jours.
Cinq Semaines en Ballon. — Voyage au Centre de la Terre.
De la Terre à la Lune. — Autour de la Lune.
Les Indes-Noires. — Le Chancellor.
Aventures de trois Russes et de trois Anglais. — Une ville flottante. — Les Forceurs de Blocus.
La Jangada. Dessins de Benett.
Michel Strogoff (de Moskou à Irkoutsk). Dessins de Férat.
Un Capitaine de quinze ans. Dessins de H. Meyer.
Vingt mille lieues sous les mers. Dessins de de Neuville.
Le Pays des Fourrures. Dessins de Férat.
Kéraban-le-Têtu. Dessins de Benett.
La Maison à vapeur. — Dessins de Benett.
Hector Servadac. Dessins de Philippoteaux.
Aventures du Capitaine Hatteras. Dessins de Riou.

Chaque volume broché 10 *fr.*, *net* 8 *fr.* »
— *Cartonné* 13 *fr.*, *net* 10 *fr.* 50
— *Relié*. . . 15 *fr.*, *net* 12 *fr.* 50

Les Enfants du Capitaine Grant. Dessins de Riou.
Mathias Sandorf. Dessins de Benett.
L'Ile mystérieuse. Dessins de Férat.
Jules Verne et Lavallée. — Géographie illustrée de la France (édition revue et corrigée par Dubail).

DÉCOUVERTE DE LA TERRE.

Chaque volume broché 7 *fr.*, *net* 5 *fr.* 75
— *Cartonné* 10 *fr.*, *net* 8 *fr.* »
— *Relié*. . . 12 *fr.*, *net* 10 *fr.* »

Les Premiers Explorateurs. Dessins de Benett.
Les Grands Navigateurs du XVIIIe siècle. Dessins de Philippoteaux.
Les Voyageurs du XIXe siècle. Dessins de Philippoteaux.
D'Ennery et J. Verne. — Les Voyages au Théâtre.

(Port à la charge du destinataire.)

BIBLIOTHÈQUE
D'ÉDUCATION ET DE RÉCRÉATION

VOLUMES IN-8°, ILLUSTRÉS DE NOMBREUSES GRAVURES

Cart. perc., tr. dor., 7 fr., net 5 fr. 75

F. Alone. — Autour d'un lapin blanc.
G. Aston. — L'Ami Kips.
H. Audeval. — La Famille de Michel Kagenet.
Th. Bentzon. — Pierre Casse-Cou.
— Un Ecolier américain.
L. Biart. — Entre Frères et Sœurs.
— Deux Enfants dans un parc.
Alfred de Bréhat. — Aventures de Charlot.
Cahours et Riche. — Chimie des Demoiselles.
Prosper Chazel. — Le Chalet des Sapins.
A. Dequet. — Mon Oncle et ma Tante.

G. Fath. — Un drôle de voyage.
De Gramont. — Les Bébés.
Erckmann-Chatrian. — Les Vieux de la Vieille.
M. Génin. — La Famille Martin.
P. Gouzy. — Voyage d'une Fillette au pays des Etoiles.
A. Kaempfen. — La Tasse à thé.
C. Lemaire. — La Petite Madeleine.
J. Michelet. — La Révolution française. 4 vol.
Muller. — La Morale en action par l'histoire.
Néraud. — Botanique de ma Fille.
Ratisbonne. — Dernières scènes de la Comédie enfantine.
Elisée Reclus. — Histoire d'une Montagne.
— Histoire d'un Ruisseau.
I.-A. Rey. — Travailleurs et Malfaiteurs microscopiques.
P.-J. Stahl. — La Famille Chester.
— Mon Premier Voyage en Mer.
Sthal et Vailly. — Contes célèbres anglais.
B. Vadier. — Blanchette (Histoire d'une Chèvre).
R. Vallery-Radot. — Journal d'un Volontaire d'un an.

Cart., plaque, tr. dor. 10 fr., net 8 fr.

A. Badin. — Jean Casteyras.
T. Bentzon. — Yette. — Histoire d'une Jeune Créole.
Lucien Biart. — Deux Amis.
— M. Pinson.
— La Frontière indienne.
— Le Secret de José.
— Lucia.
S. Blandy. — Le Petit Roi.
B. Boissonnas. — Une Famille pendant la guerre.
A. de Bréhat. — Les Aventures d'un Petit Parisien.
Dr Candèze. — Aventures d'un Grillon.
— La Gileppe.
— Périnette, aventures surprenantes de cinq moineaux.
H. Cauvin. — Le Grand Vaincu.
Alph. Daudet. — Histoire d'un Enfant.
— Contes choisis à l'usage de la jeunesse.
L. Desnoyers. — J.-P. Choppart.
Erckmann-Chatrian. — Histoire d'un Paysan.
— Théâtre de Famille.
Gennevraye. — La Petite Louisette.
E. Grimard. — La Plante.
André Laurie. — Tito le Florentin.
— Histoire d'un Ecolier hanovrien.
— Mémoires d'un Collégien.
— La Vie de collège en Angleterre.
— Une Année de collège à Paris.
— Autour d'un Lycée japonais.
Gramont (de). — Les Bons Petits Enfants.
V. Hugo. — Le Livre des Mères.
V. de Laprade. — Le Livre d'un Père.
E. Legouvé. — Nos Filles et nos Fils.
— La Lecture en famille.
Jean Macé. — Contes du Petit Château.
— Histoire d'une Bouchée de pain.
— Les Serviteurs de l'Estomac.
— Théâtre du Petit Château.
— Histoire de deux Marchands de pommes.
Hector Malot. — Romain Kalbris.
Ch. Mareille. — Le Petit Monde.
Muller (Eug.). — La Jeunesse des Hommes célèbres.
— Les Animaux célèbres.
L. Ratisbonne. — La Comédie enfantine. (*Couronné.*)
Saintine (X.). — Picciola.
Mayne-Reid. — Les Jeunes Esclaves.
— Les Naufragés de Bornéo.
— Le Petit Loup de mer.
— Les Planteurs de la Jamaïque.
— Les Robinsons de terre ferme.
— La Sœur perdue.
— William le Mousse.
— La Terre de feu.
— Les Emigrants du Transwaal.
— La Montagne perdue.
— Les Exploits des Jeunes Boërs.
— Les Chasseurs de chevelures.
— Le Désert d'eau.
— Les Jeunes Voyageurs.
— Les Deux Filles du Squatter.
— Le Chef au Bracelet d'or.
Sandeau (J.). — La Roche aux Mouettes.
— Madeleine.
— Mademoiselle de la Seiglière.
Sauvage (E.). — La Petite Bohémienne.
Tolstoï. — Enfance et Adolescence.
Stahl (P.-J.). — Contes et Récits de Morale familière.
— Les Histoires de mon Parrain.
— Histoire d'un Ane et de deux Jeunes Filles.
— Maroussia.
— Les Patins d'argent.
— Les Quatre Filles du docteur Marsch.
— Jack et Jane.
— Les Quatre Peurs de notre Général.
— La Petite Rose, ses six tantes et ses sept cousins.
Du Temple. — Les Sciences usuelles.
— Les Communications de la pensée.
Viollet-le-Duc. — Histoire d'une Maison.
— Histoire d'un Dessinateur.
André Laurie. — Le Capitaine Trafalgar.
— L'Héritier de Robinson.
Stevenson. — L'Ile au Trésor.
J. Verne et A. Laurie. — L'Epave du Cynthia.

(*Port à la charge du destinataire.*)

COLLECTION DE VOLUMES ILLUSTRÉS

FORMAT GRAND IN-8°

DE BEAUX VOLUMES RICHEMENT CARTONNÉS

	PRIX à L'ODÉON	FRANCO en PROVINCE
DURANTY. — **Le Théâtre des Marionnettes,** illustré par l'auteur, coloris au patron. 1 vol. . . . . 16. »	8. »	9.50
GAUTHIER (Th.). — **La Nature chez elle.** 1 vol., illustrations de Karl Bodmer. . . . . 30. »	8. »	9.50
GUIMET. — **Tokio-Nikko.** *Promenades japonaises,* avec de nombreux dessins et chromolithographies, par F. Régamey. 1 vol. . . 30. »	8. »	9.50
JULLIEN (Adolphe). — **Histoire du Costume au théâtre,** depuis les origines du théâtre en France jusqu'à nos jours. Ouvrage orné de 27 gravures et dessins originaux tirés des archives de l'Opéra. 1 volume. . . . . 25. »	8. »	9.50
LEMAY (Gaston). — **A bord de la Junon.** 1 vol. in-8, illustré de nombreux dessins par MM. Scott, de Saint-Clair, Brun, Bigot, etc. 24. »	8. »	9.50
LEPIC. — **La dernière Égypte.** 1 volume in-8 jésus, orné de nombreux dessins. . . . . 14. »	8. »	9.50
QUATRELLES. — **La Légende de la Vierge de Munster,** illustrations de Courboin, titre en couleur et lettres ornées de Grasset. 1 volume. . . . . 25. »	8. »	9.50
SÉBILLOT (Paul). — **Contes de Terre et de Mer,** légendes de la Haute-Bretagne. 1 vol. in-8 jésus. Illustrations de L. Petit, Bellanger et Sahib. . . . . 15. »	8. »	9.50
ARÈNE (Paul). — **La vraie Tentation du grand saint Antoine.** Contes de Noël, illustrés par les principaux artistes. . . . . 12. »	4. »	5.25
DANIEL DARC. — **La princesse Méduse,** contes illustrés par Régamey. . . . . 12. »	4. »	5. »
ELPHINSTONE HOPE (MM. C. W.), — **L'Étoile des Fées,** conte inédit. Traduction française de Stéphane Mallarmé, illustrations de John Laurent. 1 vol. . . . . 12. »	4. »	5.25
LEMOYNE (André). — **Légendes des Bois et Chansons marines,** illustrations de Léon de Bellée. 1 vol. . . . . 12. »	4. »	5.25
— **Une Idylle normande,** illustrations de Duplais-Destouches. 1 volume. . . . . 12. »	4. »	5.25
SILVESTRE (Armand). — **Les Tocasson,** conte. Illustrations en rouge et noir par Robert Tinant. 1 vol. in-8 colombier, cartonné. . . 5. »	2. »	2.50
GONCOURT (Ed. et J. de). — **Histoire de Marie-Antoinette,** avec 12 dessins hors texte, d'après les grav. du temps et avec des encadrements de Giacomelli, gravés par Méaulle. 1 magnifique volume gr. in-8 colomb. Rel. toile, avec fers spéciaux (*Epuisé*). . . 30. »	25. »	27. »
QUATRELLES. — **A coups de fusil,** avec 30 dessins originaux, hors texte, par A. de Neuville, dont 12 dessins au fusain et 18 à la plume, reproduits en fac-simile. 1 magnifique vol. gr. in-8, orné de fleurons, culs-de-lampe, etc. Relié toile, avec fers spéciaux. . . . . . 30. »	24. »	26. »
VALLÈS (Jules). — **La rue à Londres.** 1 vol. in-4 colombier, illustré de nombreux dessins et de 23 eaux-fortes de Lançon. Tirage à 500 exemplaires. . . . . 100. »	80. »	83. »
Il a été tiré 50 exemplaires sur Japon et 50 exemplaires sur Whatman avec doubles épreuves avant la lettre. . . . . 200. »	160. »	163. »
GIRARD. — **Les Explorations sous-marines.** Hydrographie. — Appareils de sondages. — Le sol sous-marin. — La vie dans les profondeurs de la mer. 1 vol. in-8. Cartonnage gaufré. . . . . . 6. »	2.50	3. »
DUVAL (Georges). — **Les Orphelins d'Amsterdam,** histoire hollandaise, dessin de Ville. 1 magnifique album in-4. . . . . . . 10. »	2.50	3. »

BIBLIOTHÈQUE
DE L'ENSEIGNEMENT DES BEAUX-ARTS

PUBLIÉE SOUS LE PATRONAGE

DE L'ADMINISTRATION DES BEAUX-ARTS

Couronnée par l'Académie française

VOLUMES PUBLIÉS JUSQU'EN DÉCEMBRE 1886

		PRIX À L'ODÉON	FRANCO EN PROVINCE
DUVAL (Mathias), membre de l'Académie de médecine, professeur d'anatomie à l'Ecole des Beaux-Arts. — **L'Anatomie artistique**	3.50	2.75	3.25
MARTHA, ancien membre à l'Ecole d'Athènes, professeur à la Faculté des Lettres de Dijon. — **L'Archéologie étrusque et romaine**	3.50	2.75	3.25
COLLIGNON (Max.), ancien membre de l'Ecole française d'Athènes. — **L'Archéologie grecque**	3.50	2.75	3.35
BAYET, ancien membre de l'Ecole française d'Athènes. — **L'Art byzantin**	3.50	2.75	3.25
GERSPACH, directeur de la Manufacture nationale des Gobelins. — **L'Art de la Verrerie**	3.50	2.75	3.25
MAYEUX (Henri), architecte. — **La Composition décorative**	3.50	2.75	3.25
DELABORDE (Vicomte H.), secrétaire perpétuel de l'Académie des Beaux-Arts. — **La Gravure**	3.50	2.75	3.25
ADELINE (Jules). — **Lexique des termes d'art**	3.50	2.75	3.25
LECOY DE LA MARCHE, des Archives nationales. — **Les Manuscrits et la Miniature**	3.50	2.75	3.25
CHAMPEAUX (Alfred de), inspecteur des Beaux-Arts. — **Le Meuble.** T. I et II	7. »	5.50	6.50
LENORMANT (F.), membre de l'Institut. — **Monnaies et Médailles**	3.50	2.75	3.25
LAVOIX fils, administrateur de la bibliothèque Sainte-Geneviève. — **La Musique**	3,50	2.75	3.25
CHESNEAU (Ernest), ancien inspecteur des Beaux-Arts. — **La Peinture anglaise**	3.50	2.75	3.25
WAUTERS (A.-J.). — **La Peinture flamande**	3.50	2.75	3.25
HAVARD (Henri). — **La Peinture hollandaise**	3.50	2.75	3.25
GERSPACH, directeur de la Manufacture nationale des Gobelins. — **La Mosaïque**	3.50	2.75	3.25
COLLIGNON (Max.), ancien membre de l'Ecole française d'Athènes, professeur d'archéologie à la Faculté des Lettres de Paris. — **La Mythologie figurée**	3,50	2.75	3.25
LOSTALLOT (A. de), secrétaire de la rédaction de la *Gazette des Beaux-Arts*. — **Les Procédés modernes de la Gravure**	3.50	2.75	3.25
MUNTZ (Eug.), conservateur de la Bibliothèque, des Archives et du Musée à l'Ecole des Beaux-Arts. — **La Tapisserie**	3.50	2.75	3.25
LAFENESTRE (Georges), commissaire général des expositions d'art. — **La Peinture italienne**	3.50	2.75	3.25
Précis d'histoire de l'Art, par M. BAYET, ancien membre de l'Ecole française d'Athènes		2.75	3.25
Procédés modernes de la Gravure (Les), par M. A. DE LOSTALOT, secrétaire de la rédaction de la *Gazette des Beaux-Arts*		2.75	3.25
Tapisserie (La), par M. Eug. MÜNTZ, conservateur de la Bibliothèque, des Archives et du Musée à l'Ecole des Beaux-Arts		2.75	3.25
GONSE (Louis). — **L'Art japonais**		2.75	3.25
BOUCHOT (Henri). — **Le Livre**		2.75	3.25
LES MÊMES OUVRAGES			
Cartonnages artistiques avec fers spéciaux	4.50	3.60	4.25

BIBLIOTHÈQUE DES ÉCOLES ET DES FAMILLES

ILLUSTRÉE DE NOMBREUSES GRAVURES DANS LE TEXTE

Chaque volume cartonné en percaline gauffrée, tranches dorées.

	PRIX à L'ODÉON	FRANCO en PROVINCE
CERVANTÈS. — **Don Quichotte de la Manche.** 1 vol.	3.75	4.50
COLOMB (C.). — **Habitations et édifices** de tous les temps et de tous les pays. 1 vol.	3.75	4.50
WYSS. — **Le Robinson suisse.** 1 vol.	3.75	4.50

BIBLIOTHÈQUE DE LA NATURE

PUBLIÉE SOUS LA DIRECTION

De M. Gaston TISSANDIER

Rédacteur en chef du journal *La Nature*.

FORMAT GRAND IN-8°, AVEC NOMBREUSES FIGURES

		PRIX à L'ODÉON	FRANCO en PROVINCE
Prix de chaque volume, broché.	10. »	8. »	8.75
Relié toile, tr. dor.	13. »	10. »	11.50

Cette collection comprend :

Récréations scientifiques, par TISSANDIER. 1 vol.
Applications de l'électricité, par HOSPITALIER. 1 vol.
L'Electricité dans la maison, par HOSPITALIER. 1 vol.
Les Hommes phénomènes, par GUYOT-DAUBÈS. 1 vol,
La Vie au fond des mers, par FILHOL. 1 vol.
L'Art militaire et la science, par HENNEBERT. 1 vol.
Excursions géologiques à travers la France, par MEUNIER. 1 vol.
Les Voies ferrées, par BACLÉ. 1 vol.
Les nouvelles Routes du globe, par MAXIME HÉLÈNE. 1 vol.
Les Races sauvages, par BERTILLON. 1 vol.
Océan aérien, par TISSANDIER. 1 vol.
Les Origines de la Science et ses premières applications, par DE ROCHAS. 1 vol.
Les Métaux dans l'antiquité, par BAPST. 1 vol.
L'Eclairage dans la ville et dans la maison, par PH. DELAHAYE, 1 vol.
Six mois aux États-Unis, par TISSANDIER. 1 vol.

OCCASION EXCEPTIONNELLE

OEUVRES COMPLÈTES D'ALFRED DE MUSSET

SUIVIES DE LA BIOGRAPHIE D'ALFRED DE MUSSET

PAR PAUL DE MUSSET

Nouvelle édition d'amateur ornée d'eaux-fortes de Massé, Champollion, Abot, Ramus, Mamesse, Besnier, Desmoulin, d'après les dessins des Giacomelli, Gervex, A. Moreau, J.-P. Laurens, Rouffio et Blanchon. — Onze beaux volumes in-8 écu, papier de fil, vergé, titre en couleur.

Prix de l'ouvrage complet : au lieu de 100 fr., net *franco*, br. . . . . 34 fr.
Belle reliure d'amateur, tête dorée, 130 fr., net. . . . . 55 fr.

OUVRAGES DE LUXE

D'ÉTRENNES ET DE BIBLIOTHÈQUE

	PRIX à L'ODÉON	FRANCO en PROVINCE
Atlas manuel de géographie moderne, contenant 54 cartes imprimées en couleur. 1 vol. in-folio, relié élégamment (Hachette). . . 32. »	26. »	27.50
AUGIER (Emile). — **Théâtre complet et Œuvres diverses.** 7 vol. in-12 (C.-Lévy). Belle reliure, tête dorée. . . . . 45. »	35. »	37. »
AUTEURS COMIQUES. — **Chefs-d'œuvre.** Scarron, Montfleury, La Fontaine, Marivaux, etc. 8 vol. in-18 (Didot). Belle reliure. . . . 36. »	25. »	27. »
AMICIS (E. de). — **Constantinople,** ouvrage traduit de l'italien par Mme J. Colomb. 1 vol. in-4°, d.-rel. chagr., fers spéciaux, tranches dorées (Hachette) . . . . 22. »	18. »	20. »
BALZAC. — **Contes drôlatiques,** colligez et abbayes de Touraine et mis en lumière par le sieur de Balzac, pour l'esbattement des pantagruelistes et non aultres. Edition Garnier, illustré de 425 dessins par G. Doré. 1 joli vol. in-8 sur papier vélin, d.-rel. dos et coins chagr. dor. en tête, n. rog. Belle reliure d'amateur . . . . 18. »	12. »	13.25
BALZAC. — **Œuvres complètes.** 20 vol. (Edition Houssiaux). Grav. de Tony Johannot, Meissonier, Gavarni, Henri Monnier, Bertall, etc. Belle reliure d.-chag. . . . . 160. »	110. »	115. »
BOUILLET. — **Dictionnaire** d'histoire et de géographie. Ouvrage revu et continué par Chassang, augmenté d'un supplément. 1 vol. in-8 de 2,084 pages à deux colonnes, broché . . . . . 21. »	16. »	17.50
Le même, cart. percaline . . . . 24. »	20. »	21.50
Demi-rel. chagr., tr. jasp. . . . . 26. »	21.50	23. »
BOUILLET. — **Dictionnaire** universel des sciences, des lettres et des arts. 13e édition, suivie d'un supplément. 1 vol. gr. in-8 de 1,832 pages à deux colonnes, broché. . . . . . . 21. »	16. »	17.50
Le même, cart. toile. . . . . 24. »	20. »	21.50
Demi-rel. chagr., tr. jasp . . . . 26. »	21.50	23. »
BELÈZE. — **Dictionnaire** universel de la vie pratique à la ville et à la campagne. 6e édition, augm. d'un supplém. 1 volume grand in-8, br. . . . . 21. »	16. »	17.50
Demi-rel. en chagr., tr. jasp. . . . . 26. »	21. »	22.50
BAUDELAIRE (Charles). — **Œuvres complètes.** 7 vol. in-12 (C.-Lévy). Jolie reliure, tête dorée . . . . 45. »	35. »	37. »
BLANC (Louis). — **Histoire de la Révolution française.** 15 vol. in-18. Belle reliure. Au lieu de . . . . 67. »	45. »	48. »
— **Histoire de la Révolution de 1848.** 2 vol. in-18. Rel. en chag. . . . . 10. »	7. »	8. »
— **Histoire de Dix ans.** 1830-1840. 5 vol. in-8. Rel. 1/2 chag. 40. »	30. »	32. »
BUCKLE. — **Histoire de la civilisation en Angleterre.** Traduction Baillot. 5 vol. in-18, d.-rel. chag. . . . . 25. »	20. »	21.50
COOPER. — **Œuvres.** Traduction Defauconpret. 30 vol. in-8 ornés de jolies grav., d'après les dessins d'Alfred et Tony Johannot (Jouvet). Belle rel. en chag., au lieu de . . . . 175. »	120. »	125. »
CHERVILLE (Marquis de). — **L'Histoire naturelle en action.** Contes, récits et aventures. 1 vol. in-4, avec 35 grav. sur bois, cart. percaline, tr. dorées (Didot). 7.50	6. »	6.75

OUVRAGES DE LUXE, D'ÉTRENNES ET DE BIBLIOTHÈQUE

	PRIX à L'ODÉON	FRANCO en PROVINCE
CLEUZIOU (Henri du). — **L'Art national.** Etude sur l'histoire de l'art en France. 2 magnifiques volumes contenant des chromolithographies, des planches tirées à part et de nombreuses gravures intercalées dans le texte (Levasseur, édit.); belle reliure, avec plaque, tranches dorées. Prix des 2 vol. . . . . 100. »	70. »	75. »
DANTE ALIGHIERI. — **L'Enfer.** 1 magnifique vol. contenant la traduction française de P.-A. Fiorentino, le texte italien et 76 grandes compositions de G. Doré, gravées sur bois et richement cartonné. 100. »	60. »	65. »
— **Le Purgatoire.** Même traduction et illust. de 60 grandes compositions par G. Doré. 1 magnifique vol. richement cartonné. . 100. »	60. »	65. »
Exemplaire numéroté du tirage sur papier spécial, tiré à 100 exemplaires seulement. Epuisé.		
— **Le Paradis.** Même traduction et illust. de 60 grandes compositions par G. Doré. 1 joli vol. richement cartonné. . . . . 100. »	60. »	65. »
Exemplaire numéroté du tirage sur papier spécial, tiré à 100 exemplaires seulement. Epuisé.		
DESBEAUX (Émile). — **Œuvres**, couronnées par l'Académie française. Chaque vol., format in-4, imprimé sur beau papier, est illustré de nombreuses gravures par les principaux artistes, avec un beau cartonnage en toile anglaise, fers spéciaux, tr. dorées (Ducrocq, édit.).		
— **Le Jardin de Mademoiselle Jeanne.** Botanique du vieux jardinier. 1 vol. . . . . 10. »	8. »	9. »
— **Les Idées de Mademoiselle Marianne.** 1 vol. . . . . . 10. »	8. »	9. »
— **Les Pourquoi de Mademoiselle Suzanne.** 1 vol. . . . . 10. »	8. »	9. »
— **Les Parce que de Mademoiselle Suzanne.** 1 vol. . . . 10. »	8. »	9. »
— **Les Découvertes de M. Jean.** La Terre et la Mer. . . . 10. »	8. »	9. »
— **Les projets de Mademoiselle Marcelle et les étonnements de Monsieur Robert.** 1 vol. . . . . 10. »	8. »	9. »
— **La Maison de Mademoiselle Nicole.** 1 vol. . . . . 10. »	8. »	9. »
— **Le Secret de Mademoiselle Marthe.** 1 vol. . . . . 10. »	8. »	9. »
DRIOUX (Abbé). — **Les Fêtes chrétiennes.** 1 fort vol. in-8, illustré de 4 chromolithographies, de 31 gravures sur acier, tirées en bistre, de 40 compositions sur bois, hors texte, imprimées en couleur et de nombreuses vignettes (Jouvet, édit.). Relié en demi-chag., tr. dor., avec plaque spéciale. . . . . 40. »	30. »	33. »
DELAVIGNE (Casimir). — **Œuvres complètes,** nouv. édit., augmentée de poésies inédites (Didot). 4 volumes in-12, reliés, amateur, tête dorée. . . . . 25. »	20. »	21.50
DELORD (Taxile). — **Histoire du Second Empire.** 6 vol. in-8 (Alcan). Rel. solidement, demi-chag. . . . . 54. »	45. »	47.50
Dictionnaire de la conversation et de la lecture, par une Société de savants et de gens de lettres. 21 vol. in-8 à 2 colonnes de 800 pages chacun (Didot). Relié solidement, demi-chag. . . . . 256. »	150. »	155. »
DU CAMP (Maxime). — **Paris, ses organes, ses fonctions, sa vie.** 6 vol. in-12 (Hachette). Reliés, amateur, tête dorée. . . . . . 38. »	30. »	32.50
— **Les Convulsions de Paris.** 4 vol. in-12. Rel., amateur, tête dorée. . . . . 25. »	20. »	21.50

OUVRAGES DE LUXE D'ÉTRENNES ET DE BIBLIOTHÈQUE

	PRIX à L'ODÉON	FRANCO en PROVINCE
DÉZOBRY et BACHELET. — **Dictionnaire général** de biographie et d'histoire, de mythologie, de géographie ancienne et moderne, des antiquités grecques, romaines, françaises et étrangères, etc. 2 forts vol. in-8 (Delagrave). Rel. solidement, demi-chagrin . . . . 35. »	27. »	30. »
DAUDET. — **Tartarin sur les Alpes**, nouveaux exploits du héros tarasconnais, ill. d'aquarelles par de Beaumont, Rossi, etc. Edition du *Figaro*. 1 beau vol. in-8, d.-rel., dos et coins mar. genre crocodile, plats toile genre Bradel . . . . 15. » net.	11. »	12. »
Dictionnaire abrégé de l'Académie française, d'après la dernière édition de 1878, suivi d'un appendice et d'un Dictionnaire de géographie ancienne et moderne. 1 fort vol. in-8 à 2 colonnes, d.-rel. chag., plats toile (Didot) . . . . 15. »	10. »	11. »
DURUY. — **Histoire des Romains** depuis les temps les plus reculés jusqu'à l'invasion des Barbares. 7 vol. gr. in-8, d.-rel. chag., fers spéciaux, tr. dor. . . . . . . 224. » net.	180. »	190. »
Chaque vol. séparément, rel. d'amateur ou rel. plaque. 32. »	26. »	27.50
Le même, br. . . . . . . 25. » net.	20. »	21.50
FIGUIER (Louis). — **Mystères de la Science**. 1 vol. broché . . . 20. »	16. »	17.50
Toile, tr. dorées . . . . 25. »	20. »	21.50
— **Nouvelles Conquêtes de la Science** (*Voies ferrées*). Ouvrage couronné par l'Académie française. 1 vol. broché . . . . 20. »	16. »	17.50
Toile, tr. dorées . . . . 25. »	20. »	21.50
— **Nouvelles Conquêtes de la Science** (*Isthmes et Canaux*). 1 vol. broché . . . . 20. »	16. »	17.50
Toile, tr. dorées . . . . 25. »	20. »	21.50
— **Nouvelles Conquêtes de la Science** (*Grands Tunnels*). 1 vol. broché . . . . 20. »	16. »	17.50
Toile, tr. dorées . . . . 25. »	20. »	21.50
— **Nouvelles Conquêtes de la Science** (*Electricité*). 1 vol., broché . . . . 20. »	16. »	17.50
Toile, tr. dorées . . . . 25. »	20. »	21.50
FÉTIS. — **Biographie universelle** des musiciens et **Biographie générale de la musique**. 8 vol. br., grand in-8 de 500 pages à 2 colonnes, ... 64. » net.	50. »	55. »
— **Histoire générale** de la musique depuis les temps les plus reculés jusqu'à nos jours. Nombreuses gravures. 5 vol. gr. in-8, broché, ... 60. » net.	48. »	53. »
FIGUIER (Louis). — **Les Merveilles de la Science**, ou description populaire des inventions modernes. 4 vol. gr. in-8, ill. de 1,817 grav. (Jouvet). Belle rel. d.-chag., tr. jasp. . . . . . . 60. »	45. »	48. »
— **Les Merveilles de l'Industrie**, ou description populaire des procédés industriels depuis les temps les plus reculés jusqu'à nos jours. 4 forts vol. gr. in-8, ill. de 1,388 grav. Belle rel. demi-chag., tranches jasp. . . . . 60. »	45. »	48. »
GERVINUS (G.-G.). — **Histoire du XIXe Siècle**, depuis les traités de Vienne, avec l'introduction, trad. sur la 4e édit. allemande par J.-F. Minssen. 23 vol. in-8. Belle reliure . . . . 184. »	110. »	115. »

OUVRAGES DE LUXE, D'ÉTRENNES ET DE BIBLIOTHÈQUE

Ouvrage		PRIX à L'ORSON	FRANCO en PROVINCE
GIRARDIN (Mme Emile de), née Delphine Gay. — **Œuvres complètes.** 6 beaux vol. in-8 bien imprimés, sur beau papier (Plon). (*Edition épuisée.*) Jolie rel. chag., tête dor.	60. »	30. »	33. »
GUÉRARD (Edmond). — **Dictionnaire encyclopédique** d'anecdotes modernes, anciennes, françaises et étrangères, 2e édition. 2 vol. in-8, dem.-rel. chag., tr. jasp.	12. »	9. »	10.50
GŒTHE. — **Œuvres.** Traduction Jacques Porchat. 10 vol. in-8, dem.-rel. chag., tr. jasp. (Hachette).	90. »	60. »	65. »
GROTE (G.). — **Histoire de la Grèce.** Traduction A.-L. de Sadous. 19 vol. in-8 (ouvr. couronné par l'Acad. française). Belle rel.	150. »	90. »	95. »
GUIZOT. — **Histoire de la Civilisation en France et en Europe.** 5 vol. in-12 (Didier). Jolie rel., tête dor	30. »	25. »	27.50
— **L'Histoire de France** racontée à mes petits-enfants. 7 vol. in-4, avec de nombreuses gravures en couleur ou en noir d'après les dessins de Neuville, demi-rel. chag., fers spéciaux ou rel. d'amateur, tête dorée, coins.	187. »	150. »	160. »
GOUFFÉ. — **Le Livre de cuisine.** 1 magnifique vol. avec 4 pl. en couleurs et 182 grav. dessinés par Ronjat, cart. percaline.	17.25	15. »	16.50
Le même, br.	15. »	12. »	13.50
Histoire populaire de la France. — Depuis la Gaule jusqu'à nos jours. 8 vol. ill. de plus de 2,000 grav. (Lahure). Les 8 vol. rel. en 4, dem.-chag.	80. »	50. »	55. »
HUGO (Victor). — **Œuvres.** Edition Hetzel-Quantin (*ne varietur*). 46 vol. in-8, d.-rel. chag.	483. »	350. »	365. »
Le même, br.	345. »	250. »	265. »
— **Les Misérables.** 10 vol. in-8, dem.-rel., tr. jaspées.	90. »	60. »	65. »
Le même, 5 vol. in-4, rel. demi-chag., tr. jaspées	40. »	30. »	31.50
— **Les Travailleurs de la Mer.** 2 vol. in-18. Belle rel., tr. jaspées.	10. »	7. »	8. »
— **L'Homme qui rit.** 2 vol. in-18. Belle reliure	10. »	7. »	8. »
LABICHE (E.). — **Théâtre complet,** avec une préface par Emile Augier. 10 vol. in-12. (Edit. Lévy.) Belle rel., tête dorée.	60. »	45. »	47. »
LAMARTINE (Alph. de). — **Histoire des Girondins.** 6 vol. in-12. Belle rel., tête dor.	38. »	30. »	32. »
LAROUSSE (P.). — **Grand Dictionnaire universel du XIXe Siècle.** 16 vol. avec supplément. Broché.	600. »	360. »	370. »
Rel. solid. demi-chag., tr. jasp.	700. »	450. »	460. »
LAURENT (Fr.). — **Histoire du Droit des gens.** Etude sur l'histoire de l'humanité. 18 vol. gr. in-8. Belle rel., demi-chag.	200. »	125. »	130. »
LAVALLÉE. — **Histoire des Français,** depuis les Gaulois jusqu'à nos jours. 6 vol. in-12. Jol. rel., tête dor.	35. »	30. »	32. »

OUVRAGES DE LUXE, D'ÉTRENNES ET DE BIBLIOTHÈQUE	PRIX à L'ODÉON	FRANCO en PROVINCE
LITTRÉ (E.). — **Dictionnaire de la langue française.** 4 forts vol. in-4 et un supplément (Hachette). Prix des 5 vol. reliés solidement en chag. . . . . 136. »	90. »	100. »
LITTRÉ et BEAUJEAN. — **Abrégé du Grand Dictionnaire de la langue française.** 8ᵉ édition. 1 vol. in-8 de 1,405 à 2 colonnes, cart. toile. 14.50	12. »	13. »
Le même, dem.-rel. chag. . . . . 17. »	13. »	14.50
Le Martyr du Golgotha. Traduction orientale, par Don Enrique Perez Esrich, ouvrage traduit de l'espagnol (Paris, Laplace, 1868). 1 vol. gr. in-8, ill. de nombreuses gravures sur acier hors texte, dem.-rel. chag., tr. dor., plats toile. . . . . 15. »	12. »	13. »
Le Théâtre de campagne, choix des pièces de nos plus grands écrivains modernes (Paris, Ollendorff). 8 vol. in-12, dem.-rel. chag., plats toile, tr. dor. . . . . 45. »	35. »	37. »
Les Grands Peintres, français et étrangers. 8 parties en carton, contenant 3 études, soit 48 pages de texte, 15 sujets en photogravure et 40 à 50 dessins dans le texte (Launette) . . . . 320. »	205. »	210. »
NOTA. — Nous ne saurions trop engager les amateurs à saisir cette occasion, cet ouvrage est presque complètement épuisé et il est appelé, ainsi que l'ouvrage *Les Aquarellistes français*, à devenir très rare.		
Le Costume historique et ses accessoires, par Racinet (armes, outils, objets usuels, décors de l'habitation, etc...), depuis l'antiquité jusqu'à nos jours, ouvrage ill. de 500 planches dont 300 en couleur, or et argent, édition sur grand papier. 20 livraisons en carton (Didot). . . . . 500. »	300. »	310. »
L'Afrique sauvage, par Paul de Chaillu. 1 beau vol. grand-in-8., ill. de nombreuses gravures hors texte et cartes. Cart. toile, fers spéciaux, tr. dor. (C.-Lévy) . . . . 11. »	9. »	10.25
Le Japon, par Laurence Oliphant, traduction de M. Guizot. 1 beau vol. grand in-8 jésus, ill. de nombreuses gravures hors texte et de cartes. Cart. toile, fers spéciaux, tr. dorées (C.-Lévy) . . . . 11. »	9. »	10.25
Les Saints évangiles, traduction tirée des *Œuvres de Bossuet*, par Wallon, enrichie de 128 compositions gravée à l'eau-forte, par Bida. 2 splendides vol. in-fᵒ avec encadrement et titres imprimés en rouge, renfermés dans deux cartons . . . . 500. »	300. »	310. »
Splendide occasion à ce prix.		
Les Folies parisiennes, magnifique album comique, contenant 680 dessins, par Cham. 1 vol. grand in-8. Cart. toile rouge, fers spéciaux, dor. sur tranches (Lévy) . . . . 25. »	20. »	21.50
LACHATRE. — **Dictionnaire de la Langue française.** 2 beaux vol. in-4., dem.-rel. chag., plats toile. . . . . 40. »	26. »	27.50
LA FONTAINE. — **Fables,** avec 80 grandes compositions et 250 têtes de pages, par G. Doré et 258 culs-de-lampe. 1 joli vol. in-4., cart. toile, tr. dor. (Hachette). . . . . 36. »	30. »	32. »

OUVRAGES DE LUXE, D'ÉTRENNES ET DE BIBLIOTHÈQUE

		PRIX à L'ODÉON	FRANCO en PROVINCE
PAUL LACROIX. (BIBLIOPHILE JACOB).			
Chaque vol. — Broché	30. »	24. »	26. »
— Rélié dos chagrin, tranches dorées	40. »	32. »	34. »
— Reliure d'amateur	40. »	32. »	34. »
— **Les Arts au moyen âge et à l'époque de la renaissance.** Ouvrage illustré de 10 planches chromolithographiques, et de 420 gravures sur bois.			
— **Mœurs, usages et costumes au moyen âge et à l'époque de la renaissance.** Ouvrage illustré de 15 planches chromolithographiques et de 240 gravures sur bois.			
— **Vie militaire et religieuse au moyen âge et à l'époque de la renaissance.** Ouvrage illustré de 14 pl. chromolithographiques et de 409 gr. sur bois.			
— **Sciences et Lettres au moyen âge et à l'époque de la renaissance.** Ouvrage illustré de 13 planches chromolithographiques et de 300 gravures sur bois.			
— **Dix-septième siècle.** Institutions, usages et costumes (France, 1590-1700). Ouvrage illustré de 11 chromolithographies et de 300 gravures sur bois (dont 20 tirées hors texte), d'après les monuments de l'art de l'époque.			
— **Dix-septième siècle.** Lettres, Sciences et Arts (France, 1590-1700). 1 vol. in-4 illustré de 17 chromolithographies et de 300 gravures sur bois (dont 16 tirées hors texte), d'après les monuments de l'art de l'époque.			
— **Dix-huitième siècle.** Institutions, usages et costumes. Ouvrage illustré de 21 chromolithographies et de 300 gravures sur bois.			
— **Dix-huitième siècle.** Lettres, Sciences et Arts (France, 1700-1789). Ouvrage illustré de 16 chromolithographies et de 250 gravures sur bois.			
— **Directoire, Consulat, Empire,** Mœurs, Usages, Lettres, Sciences et Arts. Ouvrage illustré de 10 chromolithographies et de 350 gravures sur bois.			
MICHAUD. — **Histoire des Croisades.** Magnifique publication illustrée de 100 grandes compositions, par Gustave Doré, gravées par Bellenger, Doms, Gusman, Jonnard, Pannemaker, Pisan, Quesnel. Deux beaux vol. in-folio, papier superfin, cartonnés en toile rouge avec plaques spéciales noir et or, tr. ébarbées	170. »	125. »	135. »
MICHELET. — **Histoire de France.** 19 vol. in-8. Edition illustrée par Vierge. Belle rel. amateur, tête dorée	200. »	135. »	140. »
— **Histoire de la Révolution française.** 9 vol. in-8. Edition illustrée par Vierge. Belle rel. amateur, tête dorée	90. »	65. »	70. »
MALOT (Hector). — **La Petite Sœur.** Edition illustrée tirée à 25 exemplaires sur grand papier de Hollande. Belle reliure d'amateur avec coins	40. »	30. »	32. »
MOLIÈRE. — **Œuvres complètes.** 3 vol. in-18. Edit. ornée du portrait de Molière d'après Coypel et de 32 dessins de Moreau jeune. Relié élégamm., tête dor.	22. »	16. »	18. »
MOMMSEN. — **Histoire romaine.** Nouv. édition. 7 vol. in-18. Belle rel., dem.-chag.	35. »	25. »	27. »
MOTTLEY. — **La Révolution des Pays-Bas.** Nouv. édition. 6 vol. in-18. Rel. dem.-chag.	30. »	25. »	27. »

OUVRAGES DE LUXE, D'ÉTRENNES ET DE BIBLIOTHÈQUE	PRIX à L'ODÉON	FRANCO en PROVINCE
MUSSET (Alfred de). — **Œuvres complètes.** 10 vol. in-8, ornés d'un portrait d'Alfred de Musset et de 28 dessins de Bida, gravés sur acier. Rel. magnifiquement, amateur, tête dor. . . . . 150. »	90. »	95. »
— **Œuvres complètes.** 10 volumes in-12. Reliure amateur, tête dor. . . . . 65. »	45. »	47. »
— **Œuvres complètes.** (Edit. popul.). 1 vol. gr. in-8 de 800 pages, orné du portrait de l'auteur et de 28 dessins de Bida, grav. sur acier. Reliure amateur, tête dor., coins. . . . . 28. »	20. »	21.50
— La même édition, avec 12 grav., y compris le portrait. 1 vol. gr. in-8 de 800 p. Belle reliure, tête dor. . . . . 20. »	15. »	16.50
NISARD. — **Histoire de la Littérature française.** 4 vol. in-12. (Jouvet). Rel. amateur, tête dor. . . . . 27. »	20. »	21.50
PROUDHON. — **Correspondance.** 14 vol. in-8, dem.-rel. chagrin. Excellente occasion. . . . . 112. »	50. »	54. »
— **De la justice dans la Révolution et dans l'Eglise** (avec les deux premiers vol. inédits). 6 vol. in-18, bonne dem.-rel., tranches jaspées. . . . . 35. »	18. »	19.50
PERROT et CHIPIEZ. — **Histoire de l'art dans l'antiquité,** Egypte, Assyrie, Perse, Grèce, Etrurie, Rome. Les quatre premiers volumes sont en vente. Le vol., dem.-rel. chag., fers spéc., tr. dor. 37. »	30. »	31.50
Le même, rel. amateur. . . . . 37. »	30. »	31.50
Le même, br. . . . . 30. »	24. »	25.50
PERRAULT (**Contes de**). — Splendide édition ill. de 40 planches, par G. Doré, préface par P.-J. Stahl. Rel. à l'anglaise. . . . . . 25. »	20. »	22.50
— **Paris à travers les âges.** Aspects successifs des principales vues et perspectives historiques de Paris depuis le XIIIe siècle jusqu'à nos jours. 14 livr. in-folio à 2 colonnes, ouvrage orné de nombreuses gravures, plans et cartes et de 50 à 60 grandes vues en couleur (Didot) net. . . . . 350. »	270. »	280. »
ROUSSEAU (J.-J.). — **Œuvres complètes** (Paris, Dalibon, 1825). 27 vol. in-8, dem.-rel. chag. Lavallière, dor. en tête, n. rogné (quelques piqûres), reliure neuve. Bel exemplaire. . . . . 240. » Edition très renommée, magnifique occasion à ce prix.	80. »	85. »
RAMBOSSON. — **Histoire** et légendes des plantes utiles et curieuses. 1 vol. grand in-8 raisin, ill. de 120 grav., cart. toile, tr. dor. (Didot). . . . . 8. »	6.50	7.25
RAMÉE (Daniel). — **L'Architecture** et la construction pratiques mises à la portée des gens du monde. 1 vol. in-8 avec 550 fig. dans le texte, d.-rel. chagr., tr. peig. 8.50	7. »	7.50
Le même, br. . . . . 6. »	5. »	5.50
RICH (Antony). — **Dictionnaire** des antiquités grecques et romaines, traduit de l'Anglais et revu par M. Cheruel. 1 vol. petit in-8, ill. de 2,000 gravures, d.-rel. amateur, tête dorée. . . . . 15.»	12. »	13. »
Le même, br. . . . . 10.»	8. »	9. »
RABELAIS. — **Œuvres complètes,** notes et glossaire, collection Jannet-Picard. 7 vol., rel. en 4, d.-chagr., tr. jasp. 14.50	10. »	11.50
— **Œuvres complètes.** Nouvelle édition illustrée par Gustave Doré. 60 grandes compositions. 250 en-têtes de chapitres, environ 240 culs-de-lampe et nombreuses vignettes dans le texte. 2 beaux et forts vol. in-4 (Garnier frères). . . . . 70.»	56. »	60. »
Relié toile, tranches ébarbées. . . . . 80.»	65. »	70. »
Relié, demi-chagrin, fers spéciaux. . . . . 90.»	75. »	80. »

OUVRAGES DE LUXE, D'ÉTRENNES ET DE BIBLIOTHÈQUE

		PRIX à L'ODÉON	FRANCO en PROVINCE
RECLUS (E.). — **Nouvelle géographie universelle.** La terre et les hommes. 12 vol. in-4 avec de nombreuses cartes et gravures. Chaque volume, demi-chagrin, fers spéciaux, tr. dor.	37.»	30. »	31.50
Le même, d.-rel. amateur.	37.»	30. »	31.50
Le même, br.	30.»	24. »	25.50
Le vol. X. (Voir le prix du t. XII à la p. 2 du Catalogue.)	20.»	16. »	17.50
— rel., tr. dor. et amateur.	27.»	22. »	23.50
ROTHSCHILD (Arthur de). — **Histoire** de la poste aux lettres et du timbre-poste. 1 beau vol. grand in-8, ill. par Bertall, rel. toile, fers spécieux, dor. sur tranches (C. Lévy).	25.»	15. »	16. »
Roman (Le) d'un brave homme, par E. About. Édition ill. de 52 compositions par Adrien Marie. 1 vol., d.-rel. chagrin, tr. dor. (Hachette).	15.»	10. »	11.50
SAINT-MARC DE GIRARDIN. — **Cours de littérature dramatique.** 5 vol. in-12. Jolie rel. dem.-chagr., tête dor.	35.»	25. »	27. »
SHAKSPEARE. — **Œuvres complètes.** (Trad. François-Victor Hugo), avec une introduction de Victor Hugo. Seule édition complète, renfermant dans chaque volume une Introduction, des Notes et un Appendice, augmentée des Œuvres apocryphes, traduites pour la première fois en français. 18 vol. rel. en 9, in-8. (Pagnerre). Belle reliure, tr. jasp.	125.»	60. »	65. »
— Le même ouvrage (édit. Lemerre), sur beau pap. teinté. 17 vol. in-16 elzévir, avec 36 eaux-fortes de Pille. Rel. magnifiquement, amateur, tête dorée, coins.	190.»	110. »	135. »
SCHILLER. — **Œuvres**, traduction Ad. Regnier. 8 vol. in-8, dem.-rel. chagr., n. jasp. Bonne occasion.	70.»	50. »	52.50
Le même, br.	48.»	35. »	37.50
THIERS. — **Histoire de la Révolution française.** 10 vol. in-8 pap. vélin glacé, orné de 35 gravures sur acier. Belle reliure.	80.»	60. »	65. »
THIERS (A.). — **Histoire du Consulat et de l'Empire.** 21 vol. in-8 illustrés de 75 belles gravures sur acier (Jouvet). Belle reliure dem.-chagrin.	165.»	125. »	135. »
TAINE (H.). — **Histoire de la littérature anglaise.** 5e édit., 5 vol. in-12, d.-rel. chagr., tr. jasp.	35. »	25. »	26.50
TITE-LIVE. — **Histoire romaine**, traduction française par M. Gaucher. 4 vol. in-12, d.-rel. chagr., tr. jasp.	20. »	12. »	13.50
TOPFFER. — **Premiers voyages en zigzag**, ou Excursion d'un pensionnat en vacances dans les cantons suisses et sur le revers italien des Alpes. 1 beau vol. bien illustré, belle reliure, tr. dorées.	18. »	14. »	16. »
— **Nouveaux voyages en zigzag**, à la Grande-Chartreuse, au mont Blanc, dans les vallées d'Herenz, de Zermatt, au Grimsel, etc. 1 beau vol. bien illustré, demi-reliure, tr. dorée.	18. »	14. »	16. »
— **Les nouvelles genevoises.** 1 beau vol. in-8 bien illustré (Garnier frères). Belle reliure, tr. dorées.	16. »	12. »	14. »
Tour du monde (Le). Collection complète, origine (1860) à nos jours 1885. 50 vol. in-4, d. rel. chagr., plats toile, tr. dor.	850. » net	450. »	465. »
La même collection, d.-rel., chagr., plats, tr. jaspées	800. »	400. »	415. »

OUVRAGES DE LUXE, D'ÉTRENNES ET DE BIBLIOTHÈQUE

	PRIX à L'ODÉON	FRANCO en PROVINCE
UZANNE. — **L'Éventail**. 1 vol. in-8, imp. sur papier de Hollande avec 80 illustrations en différents tons, gravées en taille douce, couverture en chromolithographie, tiré en 5 couleurs et or.	100. »	102. »
L'emboîtage en satin bleu avec ill. par Paul Avril.. . . .	10. »	10. »
— **L'Ombrelle**, le gant, le manchon. 1 joli vol. in-8, imp. sur papier de Hollande, ill. de 80 gravures par Paul Avril en différents tons, gravées en taille douce, couverture en chromolithographie tirée en 5 couleurs et or.. . . . . 40. »	32. »	33. »
L'emboîtage en satin avec ill. par Paul Avril.	10. »	10. »
— **Son Altesse la femme**. 1 vol. in-8, imp. sur hollande, ill. par Gervex, Moreau, Felveien Rops, reproduites en taille-douce et en couleur, têtes de pages, par Lynch, couverture à l'aquarelle par Fraipont.. . . . . 45. »	35. »	36.50
L'emboîtage pour ce volume.	10. »	10. »
NOTA. — Ces trois volumes sont complètement épuisés chez l'éditeur, nous ne saurions trop engager nos clients à se presser s'ils veulent profiter de l'occasion de cette jolie collection qui est actuellement très rare et qui le deviendra de plus en plus.		
— **La Française du siècle**, mœurs, modes, usages. 1 vol. in-8, papier des Vosges teinté, ill. par Lynch, 10 grandes compositions à l'aquarelle, 50 planches, nombreuses vignettes et culs-de-lampe, couverture ill. . . . . 45. »	35. »	36.50
Ce dernier volume paru en 1885 forme la fin de la collection.		
VIOLLET-LE-DUC. — **Dictionnaire** raisonné de l'architecte français du XIe au XVIe siècle. 10 vol. in-8, ill. de 3,745 gravures, br. 300. »	220. »	225. »
— **Dictionnaire** raisonné du mobilier français de l'époque carlovingienne à la Renaissance. 6 vol. in-8, ill. de 2,024 gravures sur acier et 43 chromolithographies. Ex. br. . . . . 300. »	220. »	225. »
VOLTAIRE. — **Œuvres** complètes. Nouvelle édition avec notices, préfaces, variantes, table analytique. Les notes de tous les commentateurs, et des notes nouvelles. Conforme pour le texte à l'édition de Beuchot, enrichie des découvertes les plus récentes et mise au courant des travaux qui ont paru jusqu'à nos jours. Cette nouvelle édition des *Œuvres complètes de Voltaire*, publiée sous la direction de M. Louis Moland, a supplanté celle de Beuchot; c'est un travail remarquable et digne de l'érudition de notre temps. Édition imprimée sur grand papier de Hollande. 50 vol. in-8, rel. maroquin rouge fin, tête dorée, coins, au lieu de 1,000 fr., net	650. »	665. »
VAPEREAU. — **Dictionnaire** universel des contemporains. 5e édition. 1 fort vol. grand in-8 de 1,958 pages à 2 colonnes, d.-rel. chagrin, tr. jasp. . . . . 35. »	28. »	29.50
Le même, br. . . . . 30. »	25. »	26.50
WEBER (G.). — **Histoire** universelle depuis les temps les plus reculés jusqu'à nos jours. 13 vol. in-18, br. . . . . 60. »	30. »	32.50
WURTZ. — **Dictionnaire** de chimie pure et appliquée. 5 vol. gr. in-8, nombreuses figures, br.. . . . . 90. »	70. »	75. »
WIENER. — **Le Pérou et la Bolivie**, récit de voyages, suivi d'études archéologiques et ethnographiques. 1 vol., ill. de plus de 1,100 gravures. 27 cartes et 18 plans, d.-rel. chagr., fers spéciaux, tr. dor. (Hachette). . . . . 32. »	26. »	27.50

PETITE BIBLIOTHÈQUE-CHARPENTIER

FORMAT PETIT IN-32 DE POCHE

à 4 francs le volume broché, net 3 fr.; *franco en province*, 3 fr. 50.

1/2 rel. chagr. rouge, non rog. amat. 7 fr., net 4 fr. 75; *fr. en province*, 5 fr. 25.
Rel. souple, genre anglais, tr. dor. 7 fr., net 4 fr. 75; *fr. en province*, 5 fr. 25.

ABOUT (Ed.). — **Tolla**, avec deux dessins de Uberti. 1 vol.

CHÉNIER (André). — **Poésies**, avec 2 eaux-fortes de Champollion, d'après les originaux du temps. 1 vol.

DAUDET (Alphonse). — **Contes choisis**, avec deux eaux-fortes de M. Edmond Morin. 1 vol.

FABRE (Ferdinand). — **L'abbé Tigrane**, avec deux dessins de J.-P. Laurens, gravés par Courtry. 1 vol.

— **Julien Savignac**, avec deux dessins de J.-P. Laurens, grav. par Couchy. 1 vol.

FLAMMARION (Camille). — **La Pluralité des mondes**, avec 2 eaux-fortes de P. Fouché. 1 vol.

GAUTIER (Th.). — **Mademoiselle de Maupin**, avec quatre dessins de M. Giraud, gravés par Champollion. 2 vol.

— **Fortunio**, avec 2 dessins originaux de Th. Gautier. 1 vol.

— **Les Jeunes France**, avec 2 dessins de Th. Gautier. 1 vol.

— **Mademoielle Dafné**, avec 2 eaux-fortes de Jeanniot. 1 vol.

— **Emaux et Camées**, avec 2 dessins et un portrait de l'auteur gravés à l'eau-forte d'après les aquarelles de Mme la princesse Mathilde. 1 vol.

GŒTHE. — **Werther**, traduction Pierre Leroux, avec 2 dessins de Delbos. 1 vol.

GONCOURT (Edmond et Jules de). — **Renée Mauperin**, avec 2 eaux-fortes d'Ed. Morin. 1 vol.

— **Madame Gervaisais**, avec 2 dessins de Desmoulin, gravés à l'eau-forte par Manesse. 1 vol.

HORACE. — **Odes**, traduction Patin, avec 2 dessins de Meunier. 1 vol.

MALOT (Hector). — **Une bonne Affaire**, avec 2 dessins de Desmoulin, gravés à l'eau-forte par Faivre. 1 vol.

MAUPASSANT (Guy de). — **Contes et nouvelles**, avec 2 dessins de Jeanniot. 1 vol.

MENDÈS (Catulle). — **Contes choisis**, avec 2 eaux-fortes de G. Fraipont. 1 vol.

MICHELET (J.). — **La Montagne**, avec deux dessins de Massé, gravés à l'eau-forte. 1 vol.

MUSSET (Alfred de). — **Premières poésies**, avec un portrait de l'auteur gravé à l'eau-forte par M. Waltner, d'après le médaillon de David d'Angers, et une eau-forte d'après Bida, par M. Lalauze. 1 vol.

— **Poésies nouvelles**, avec un portrait de l'auteur, réduction de l'eau-forte de Léopold Flameng, d'après le tableau de Landelle, et une eau-forte de M. Lalauze, d'après Bida. 1 vol.

— **La Confession d'un enfant du siècle**, avec un portrait de l'auteur dessiné à la sanguine par Eugène Lami, fac-similé par M. Legenisel, et une eau-forte d'après Bida, par M. Lalauze. 1 vol.

Musset (Alfred de). — **Comédies et proverbes**, tome Ier, avec un portrait de l'auteur, gravé par M. Alphonse Leroy, et une eau-forte de M. Lalauze, d'après Bida. 1 vol.

— Tome II, avec un portrait de l'auteur, gravé par M. Alphonse Lamothe, d'après le buste de Mezzara, et une eau-forte de M. Lalauze, d'après Bida. 1 vol.

— Tome III, avec un portrait de l'auteur gravé par M. Monziès, une eau-forte de Abot, représentant le tombeau d'Alfred de Musset, et une eau-forte de M. Lalauze, d'après Bida. 1 vol.

— **Contes et nouvelles**, avec un portrait de l'auteur, gravé par M. Waltner, d'après une aquarelle faite spécialement pour ce volume par Eugène Lami, et 2 eaux-fortes de M. Lalauze, d'après Bida. 1 vol.

Musset (Paul de). — **Lui et Elle**, avec deux dessins de Rochegrosse, gravés par Champollion. 1 vol.

Prévost (L'abbé). — **Histoire de Manon Lescaut et du chevalier Des Grieux**, avec 2 eaux-fortes de Le Nain. 1 vol.

Saint-Germain (J.-T. de) (Tardieu). — **Pour une épingle**, avec 2 dessins de G. Alaux, gravés à l'eau-forte par Manesse. 1 vol.

Sandeau (Jules). — **Le docteur Herbeau**, avec 2 dessins de M. Bastien-Lepage, gravés par Champollion. 1 vol.

— **Mademoiselle de la Seiglière**, avec 2 dessins de M. Leloir. 1 vol.

— **La Chasse au roman**, avec 2 dessins de Nielsenn. 1 vol.

Silvio-Pellico. — **Mes Prisons**, traduction Latour, avec 2 eaux-fortes de M. Charpentier. 1 vol.

Theuriet (A.). — **Raymonde**, avec 2 dessins de Delbos. 1 vol.

Vigny (Alfred de). — **Cinq-Mars**, avec 3 dessins de Jeanniot. 2 vol.

— **Servitude et grandeur militaires**, avec 2 dessins de Jeanniot. 1 vol.

— **Théâtre**, avec 4 dessins de Jeanniot. 2 vol.

— **Poésies complètes**, avec un portrait de l'auteur, d'après David d'Angers, gravés par Lançon, et un dessin de Jeanniot. 1 vol.

— **Stello**, avec 2 dessins de Jeanniot. 1 vol.

— **Journal d'un poète**, avec un portrait de l'auteur, par Desmoulin. 1 vol.

Virgile. — **Les Bucoliques et les Géorgiques**, avec deux eaux-fortes de F. Massé. 1 vol.

Zola. — **Contes à Ninon**, avec 2 dessins de Jeanniot. 1 vol.

— **Nouveaux contes à Ninon**, avec 2 dessins de F. Fau, gravés à l'eau-forte par F. Massé. 1 vol.

— **Thérèse Raquin**, avec 2 dessins de G. Alaux, gravés à l'eau-forte par Manesse. 1 vol.

ÉDITIONS DE LUXE ET DE BIBLIOTHÈQUE

COLLECTION QUANTIN

VOLUMES BROCHÉS ET RELIÉS

AVEC GRAND RABAIS

	PRIX à L'ODÉON	FRANCO en PROVINCE
La Vie et l'œuvre de Jean Bologne, par Desjardins. 1 beau vol. in-fol., 80 grav. hors texte ou dans le texte, dont 22 eaux-fortes. Ex. sur papier vélin dans un cart. artistique. . . . . 100 » net	50. »	55. »
Hans Holbein, par Paul Muntz, dessins et gravures sous la direction d'Ed. Lièvre. 1 vol. in-fol., 27 eaux-fortes et 300 grav. dans le texte Edition sur pap. vélin, pl. sur hollande, cart. artistique. 100. » net	50. »	55. »
Boucher (François), Lemoine et Natoire, par Paul Muntz. 1 magnifique vol. in-fol. colomb., 40 pl. hors texte, par Boilvin, Champollion, etc., et 100 grav. dans le texte. Edit. sur vélin, pl. sur holl., avec un cart. artistique. . . . . 100. » net	50. »	55. »
Van Dyck, sa vie et son œuvre, par J.-J. Guiffrey. 1 vol. in-fol., contenant une centaine de grav. et 30 pl. hors texte. Edit. sur vélin, pl. sur holl., cart. artistique. . . . . 100. » net	50. »	55. »
L'Art au XVIIIe siècle, par Ed. et J. de Goncourt. 2 vol. in-4 raisin, 70 pl. hors texte, reliés dans un riche cart. maroquin avec coins dessus, mosaïques sur les plats. 185 fr. . . . . 185. » net	115. »	
Les mêmes, vol. br. . . . . 160. »	90. »	95. »
Les Adam et Clodion, par H. Thirion. 1 vol. in-4 de 420 pages, ill. d'une centaine de grav. hors texte en noir et en couleurs, 50. » net	30. »	32. »
Albert Durer et ses dessins, par Charles Ephrussi. 1 beau vol. in-4, ill. d'une centaine de dessins et de pl. hors texte, cart. d'amateur avec coins, 70 fr. . . . . 70. » net	50. »	
Le même, br. . . . . 60. » net	40. »	42. »
La Vie et l'œuvre de Millet (J.-F.), par Alf. Sensier, manuscrit publié par Muntz, ill. de nombreuses grav. hors texte. 1 vol. in-4, cart. d'amateur avec coins. . . . . 70. » net	48. »	50. »
Le même, br. . . . . 60. » net	40. »	42. »
Les Fables de La Fontaine, ill. à l'eau-forte par A. Delierre. Magnifique éd. d'amateur. Gr. in-8, imp. sur pap. à la cuve, ill. de 75 gravures d'une haute valeur artistique; cette publication forme 2 vol. avec cart. artistique en parchemin, genre XVIIe siècle. 175. » net	110. »	115. »
Le même, br. . . . . 150. » net	90. »	95. »
Mémoires de Benvenuto Cellini, traduction Leclanché. 1 beau vol. in-8 contenant de nombreuses illustrations en or et en argent, avec un cart. d'amateurs à coins . . . . 55. » net	30. »	32.50
Le même, br. . . . . 50. » net	25. »	28.50
Le Faust de Gœthe, traduction et préface de Blaze de Bury. 1 beau vol. in-8 imp. sur hollande, ill. de 11 eaux-fortes hors texte et de 50 bois, relié amateur, avec coins. . . . . 60. » net	32. »	34. »
Le même, br. . . . . 50. » net	25. »	27. »
Flaubert (Gustave), édition définitive, *ne varietur*, avec les manuscrits originaux, terminée et complète en 8 vol. gr. in-8 cavalier . . . . 60. » net	40. »	42. »
Millevoye, Œuvres complètes. Edit. publiée avec notes et variantes par le bibliophile Jacob. 3 vol. in-8 sur pap. de Hollande, 7 eaux-fortes gravées par Lalauze. . . . . 30. » net	16. »	18. »
Les mêmes, demi-rel. d'amateur. . . . . 45. » net	30. »	32. »

COLLECTION QUANTIN

	PRIX à L'ODÉON	FRANCO en PROVINCE
Edgard Poë, histoires extraordinaires et nouvelles histoires extraordinaires, traduites par Ch. Beaudelaire. 2 vol. in-4 anglais, imp. sur pap. à la cuve, ill. de chacun 13 pl. hors texte à l'eau-forte. 2 vol. brochés . . . . 50. » net	36. »	38. »
Revue des arts décoratifs, les quatre premières années 1880-1881, 1881-1882, 1882-1883 et 1883-1884 se vendent séparément; elles forment chacune un vol. de 400 à 500 pages environ, illustrées de nombreuses gravures et de 40 à 50 planches hors texte reproduites en eaux-fortes.		
Les 4 années, br. 90. » net	55. »	60. »
— rel. 110. » net	75. »	80. »
Chalon-sur-Saône, pittoresque et démoli, environs et légendes, à l'eau-forte et à la plume, par Jules Chevrier. Curieuse monographie in-4 ill. d'une centaine de dessins dans le texte et de 50 grandes planches hors texte . . . . 60. » net	35. »	37. »
La Nièvre à travers le passé, topographie historique de ses principales villes, décrites et gravées par Amédée Jullien. 1 magnifique vol. in-folio sur beau vélin, 33 planches à l'eau-forte sur hollande et hors texte . . . . 125. » net	75. »	78. »
L'Ancien Hôtel de ville de Paris, par Marius Vachon. 1 vol. in-4 ill. de 100 gr. et 24 pl. hors texte reproduisant les objets d'art détruits. Prix broché, avec une couverture artistique en papier du Japon. . . . . 60. » net	40. »	42. »
Paris archéologique, collection des anciennes descriptions de Paris, par Valentin Dufour, avec préface du bibliophile Jacob. Coll. complète des 10 vol. br. . . . . 100. » net	50. »	55. »
Les Curiositez de Paris, de Versailles, de Marly, de Vincennes, de Saint-Cloud et des environs. Réimpression du Guide de 1716, avec reproduction de 60 gravures, tirage à petite nombre sur papier vélin. . . . . 25. » net	15. »	16. »
Cortège historique de la ville de Vienne le 27 avril 1879 à l'occasion des noces d'argent de L. M. François-Joseph Ier et Élisabeth. Magnifique album grand in-folio sur vélin, illustré de 50 planches hors texte. . . . . 100. » net	60. »	65. »
Les Arts du métal, par J.-B. Giraud. Grand vol. in-fol. illustré de 50 grandes planches en noir et couleur et près de 200 sujets. Édition sur papier vélin dans un cartonnage artistique . . . . 150. » net	90. »	93. »
Dessins de décoration des principaux maîtres, 40 planches réunies et expliquées par Ed. Guichard et E. Chesneau. 1 magnifique vol. in-fol. ill. de 40 pl. en noir et en couleur. Édition sur vélin dans un cartonnage artistique. . . . . 125. » net	80. »	83. »
Modèles d'art décoratif, d'après les dessins originaux des maîtres anciens du musée du Louvre. Magnifique album in-fol. ill. de 50 pl. en noir et en couleur et près de 100 originaux des grands maîtres. Edition sur vélin dans un riche cartonnage. . . . . . . 150. » net	90. »	93. »
L'Œuvre complète de Bérain. 100 planches, 1649-1711, album comprenant 100 pl. in-folio. Le tout renfermé dans un joli cartonnage artistique . . . . 80. » net	50. »	52. »
Joaillerie de la Renaissance, d'après les originaux et des tableaux du XVe au XVIIe siècles, par Luthmer. Album gr. in-4 jésus contenant un texte ill. de gr. et 30 pl. hors texte. Édition sur vélin dans un cartonnage artistique. . . . . 100. » net	60. »	63. »
Carreaux en faïence italienne de la fin du XVIe siècle, par Meurer. Album in-folio de 24 planches en chromo dans un cartonnage. . . . . 100. » net	60. »	63. »

COLLECTION QUANTIN

	PRIX à L'ODÉON	FRANCO en PROVINCE
Les Arts du Bois, du Papier et des Tissus, par Champeaux, Darcel, etc. Grand volume de 400 pages, illustré de 338 gravures spéciales, broché . . . . . 40. » net	25. »	26.50
Eugène Fromentin, peintre et écrivain, par Louis Gonse. 1 beau vol. gr. in-8 de 366 pages, avec environ 100 pl. et 16 eaux-fortes. Edition sur papier vélin, avec pl. sur Hollande, cartonnage d'amateur à coins . . . . . 35. » net	22. »	
Le même, br. . . . . . 30. » net	15. »	17. »
Hippolyte Bellangé et son œuvre, par Jules Adeline. 1 beau vol. in-8 de 280 pages ill. de nombreuses gr. dans le texte et hors texte, dont plusieurs en eaux-fortes. Edition sur vélin. . . . . 20. » net	12. »	13. »
Le Statuaire J.-B. Carpeaux, sa vie et son œuvre, par E. Chesneau. 1 beau vol. in-8 de 280 pages, ill. de gr. dans le texte et de pl. en eaux-fortes hors texte, avec un portrait gravé par Mougin. Edition sur vélin, avec cart. d'amateur à coins. . . . . 25. » net	16. »	17. »
Le même, br. . . . . . 20. » net	12. »	13. »
Manet, par Edmond Bazire. 1 vol. in-8 ill. de nombreuses gr. et eaux-fortes hors texte. . . . . 10. » net	6. »	6.50
L'Art à travers les mœurs, par Henry Havard. 1 vol. in-8 de 400 pages, ill. de dessins dans le texte et de 25 grandes pl. imp. en taille-douce et tirées hors texte, cart. artist. à biseaux avec fers et rel. amateur. . . . . 32. » net	23. »	24.50
Le même, br. . . . . . 25. » net	18. »	19.50
Lettres d'Eugène Delacroix (1815-1863), recueillies et publiées par Ph. Burty. 1 vol. in-8 de xx-400 pages, ill. de 3 palettes du maître en chromo et fac-similés d'une dizaine de lettres autographes, cart. avec les palettes. . . . . 15. » net	10. »	11. »
Le même, br. . . . . . 10. » net	6. »	6.50
Tapisseries de la cathédrale de Reims, histoire du Roy Clovis. 1 vol. in-fol. colombier, ill. de 20 pl. de Goupil, texte par Ch. Loriquet, renfermé dans un riche cartonnage artistique. . . 100. » net	60. »	65. »
Petits Poètes du XVIIIe siècle, publiés avec notices bio-bibliographiques par Octave Uzanne. Chaque vol. in-8 écu, sur papier de hollande. . . . . 120. » net	60. »	65. »
Nota. — Cette collection terminée et complète en 12 volumes, se compose de : Poésies de Joseph Vadé, Piron, du chevalier Bertin, de Desforges-Maillard, Lattaignant, Gilbert Bernis, Gresset, Gentil-Bernard, Malfilâtre, chevalier Bonnard et Boufflers. Collection appelée à devenir très rare. Il ne reste plus du reste qu'un tout petit nombre d'exemplaires.		
Chansonnier historique du XVIIIe siècle (Recueil Clairambault-Maurepas), publié par Emile Raunié. 1re période : la Régence, 4 vol. ; 2e période : Louis XV, 4 vol. ; 3e période : le règne de Louis XVI, 2 vol. Ensemble, 10 vol. in-18 sur Hollande, avec 50 portraits à l'eau-forte . . . . . 100. » net	50. »	55. »
Vie élégante, Littérature, Voyages, Beaux-Arts, Modes, Sport, etc. 2 magnifiques volumes imprimés sur beau papier de Hollande, ill. de nombreuses gravures hors texte, dans un joli cartonnage en toile bleue, fers spéciaux noir et or. . . . . 75. » net	25. »	25.50
Le même, br., les 2 vol. . . . . . 50. » net	16. »	17.50

BIBLIOTHÈQUE SCIENTIFIQUE INTERNATIONALE

PUBLIÉE SOUS LA DIRECTION

De M. Émile ALGLAVE

LISTE DES OUVRAGES PAR ORDRE D'APPARITION

VOLUMES IN-8, CARTONNÉS A L'ANGLAISE, A 6 FR.

		PRIX à L'ODÉON	FRANCO en PROVINCE
* 1. TYNDALL (J.). — **Les Glaciers et les transformations de l'eau**, avec figures. 1 vol. in-8. 4e édition	6. »	4.75	5.50
* 2. BAGEHOT. — **Lois scientifiques du développement des nations** dans leurs rapports avec les principes de la sélection naturelle et de l'hérédité. 1 vol. in-8. 5e édition	6. »	4.75	5.50
* 3. MAREY. — **La Machine animale**, locomotion terrestre et aérienne, avec de nombreuses fig. 1 vol. in-8. 4e édition	6. »	4.75	5.50
4. BAIN. — **L'Esprit et le corps**. 1 vol. in-8. 4e édition	6. »	4.75	5.50
* 5. PETTIGREW. — **La Locomotion chez les animaux**, marche, natation. 1 vol. in-8, avec figures	6. »	4.75	5.50
* 6. HERBERT SPENCER. — **La Science sociale**. 1 v. in-8. 8e éd.	6. »	4.75	5.50
* 7. SCHMIDT (O.). — **La Descendance de l'homme et le darwinisme**. 1 vol. in-8, avec fig. 5e édition	6. »	4.75	5.50
* 8. MAUDSLEY. — **Le Crime et la Folie**. 1 vol. in-8. 5e éd.	6. »	4.75	5.50
* 9. VAN BENEDEN. — **Les Commensaux et les parasites dans le règne animal**. 1 vol. in-8, avec figures. 3e édit.	6. »	4.75	5.50
* 10. BALFOUR STEWART. — **La Conservation de l'énergie**, suivi d'une Étude sur la *nature de la force* par *M. de Saint-Robert*, avec figures. 1 vol. in-8. 4e édition	6. »	4.75	5.50
11. DRAPER. — **Les Conflits de la science et de la religion**. 1 vol. in-8. 7e édition	6. »	4.75	5.50
12. DUMONT (L.). — **Théorie scientifique de la sensibilité**. 1 vol. in-8. 3e édition	6. »	4.75	5.50
* 13. SCHUTZENBERGER. — **Les Fermentations**. 1 vol. in-8, avec fig. 4e édition	6. »	4.75	5.50
* 14. WHITNEY. — **La Vie du langage**. 1 vol. in-8. 3e édit.	6. »	4.75	5.50
15. COOKE et BERKELEY. — **Les Champignons**. 1 vol. in-8, avec fig. 3e édition	6. »	4.75	5.50
* 16. BERNSTEIN. — **Les Sens**. 1 vol. in-8, avec 91 fig. 4e éd.	6. »	4.75	5.50
* 17. BERTHELOT. — **La Synthèse chimique**. 1 v. in-8. 5e éd.	6. »	4.75	5.50
* 18. VOGEL. — **La Photographie et la chimie de la lumière**, avec 95 figures. 1 vol. in-8. 4e édition	6. »	4.75	5.50
* 19. LUYS. — **Le Cerveau et ses fonctions**, avec figures. 1 vol. in-8. 4e édition	6. »	4.75	5.50
* 20. STANLEY JEVONS. — **La Monnaie et le mécanisme de l'échange**. 1 vol. in-8. 4e édition	6. »	4.75	5.50
* 21. FUCHS. — **Les Volcans et les tremblements de terre**. 1 vol. in-8, avec figures et une carte en couleur. 4e édition	6. »	4.75	5.50
* 22. BRIALMONT (Général). — **Les Camps retranchés et leur rôle dans la défense des États**, avec fig. dans le texte et 2 planches hors texte. 3e édition	6 fr.	4.75	5.50
* 23. DE QUATREFAGES. — **L'Espèce humaine**. 1 vol. in-8. 7e édition	6. »	4.75	5.50
* 24. BLASERNA et HELMHOLTZ. — **Le Son et la Musique**. 1 vol. in-8, avec figures. 3e édition	6. »	4.75	5.50
* 25. ROSENTAHL. — **Les Nerfs et les Muscles**. 1 vol. in-8, avec 75 figures. 3e édition	6. »	4.75	5.50

BIBLIOTHÈQUE SCIENTIFIQUE INTERNATIONALE.	PRIX À L'ODÉON	FRANCO EN PROVINCE
* 26. BRUCKE et HELMHOLTZ. — **Principes scientifiques des beaux-arts.** 1 vol. in-8 avec 39 figures. 3e édition. . . . . 6. »	4.75	5.50
* 27. WURTZ. — **La Théorie atomique.** 1 vol. in-8. 4e édit. . . 6. »	4.75	5.50
* 28-29. SECCHI (le Père). — **Les Étoiles.** 2 vol. in-8, avec 63 figures dans le texte et 17 planches en noir et en couleur hors texte. 2e édition. 12. »	9.50	11. »
30. JOLY. — **L'Homme avant les métaux.** 1 vol. in-8 avec figures. 4e édition. . . . . 6. »	4.75	5.50
* 31. BAIN (A.). — **La Science de l'éducation.** 1 vol. in-8. 5e édition. . . . . 6. »	4.75	5.50
* 32-33. THURSTON (R.). — **Histoire des machines à vapeur,** précédée d'une introduction par M. HIRSCH. 2 vol. in-8, avec 140 figures dans le texte et 16 planches hors texte. 2e édition. . . . . 12. »	9.50	11. »
* 34. HARTMANN (R.). — **Les Peuples de l'Afrique.** 1 vol. in-8, avec figures. 2e édition. . . . . 6. »	4.75	5.50
* 35. HERBERT SPENCER. — **Les Bases de la morale évolutionniste.** 1 vol. in-8. 3e édition. . . . . 6. »	4.75	5.50
36. HUXLEY. — **L'Écrevisse,** introduction à l'étude de la zoologie. 1 vol. in-8, avec figures. . . . . 6. »	4.75	5.50
37. DE ROBERTY. — **De la Sociologie.** 1 vol. in-8. 2e édit. . . 6. »	4.75	5.50
* 38. ROOD. — **Théorie scientifique des couleurs.** 1 vol. in-8 avec figures et une planche en couleur hors texte. . . . . 6. »	4.75	5.50
39. DE SAPORTA et MARION. — **L'Évolution du règne végétal.** 1 vol. . . . . 6. »	4.75	5.50
40-41. CHARLTON BASTIAN. — **Le Cerveau,** organe de la pensée chez l'homme et chez les animaux. 2 vol. in-8. . . . . 12. »	9.50	11. »
42. JAMES SULLY. — **Les Illusions des sens et de l'esprit.** 1 vol. in-8 avec figures. . . . . 6. »	4.75	5.50
43. YOUNG. — **Le Soleil.** 1 vol. in-8 avec figures. . . . . . . 6. »	4.75	5.50
44. DE CANDOLLE. — **L'Origine des plantes cultivées.** 2e édition. 1 vol. in-8. . . . . 6. »	4.75	5.50
45-46. SIR JOHN LUBBOCK. — **Fourmis, abeilles et guêpes.** Études expérimentales sur l'organisation et les mœurs des sociétés d'insectes hyménoptères. 2 vol. in-8 avec 65 figures dans le texte, dont 5 coloriées. 12. »	9.50	11. »
47. PERRIER (Edm.). — **La Philosophie zoologique avant Darwin.** 1 vol. in-8 avec figure. 2e édition. . . . . 6. »	4.75	5.50
48. STALLO. — **La Matière et la physique moderne.** 1 vol. in-8, précédé d'une Introduction par FRIEDEL. . . . . 6. »	4.75	5.50
49. MANTEGAZZA. — **La Physionomie et l'expression des sentiments.** 1 vol. in-8 avec huit planches hors texte. . . . . . . 6. »	4.75	5.50
50. DE MEYER. — **Les Organes de la parole et leur emploi pour la formation des sons du langage.** 1 vol. in-8 avec 51 figures, traduit de l'allemand et précédé d'une Introduction par O. CLAVEAU. 6. »	4.75	5.50
51. DE LANESSAN. — **Introduction à l'étude de la botanique** (le Sapin). 1 vol. in-8, avec 143 figures dans le texte. . . . . . 6. »	4.75	5.50
52-53. DE SAPORTA et MARION. — **L'Évolution du règne végétal** (les Phanérogames). 2 vol. in-8, avec 136 figures. . . . . . 12. »	9.50	11. »
54. HARTMANN (R.). — **Les Singes anthropomorphes.** 1 vol. in-8 avec figures dans le texte. . . . . 6. »	4.75	5.50
55. O. SCHMIDT. — **Les Mammifères dans leurs rapports avec leurs ancêtres géologiques,** avec 51 figures. . . . . 6. »	4.75	5.50

PETITE BIBLIOTHÈQUE LITTÉRAIRE

COLLECTION LEMERRE

(AUTEURS ANCIENS ET MODERNES)

VOLUMES PETIT IN-12 (FORMAT ELZÉVIRIEN).

Demi-reliure maroquin amateur, tête dorée, coins.

		PRIX à L'ODÉON	FRANCO en PROVINCE
BEAUMARCHAIS. — **Théâtre,** édition sur papier teinté, avec une notice et des notes par Ch. Beauquier. 2 vol. *très rares*. Belle rel.	20. »	12. »	13.50
BERNARDIN DE SAINT-PIERRE. — **Paul et Virginie,** avec une préface et des notes par Anatole France. 1 vol.	10. »	7.50	8.25
BOILEAU. — **Œuvres,** avec notice et notes par M. A. Pauly. 2 volumes	20. »	14. »	15.25
DANTE. — **La Divine Comédie,** traduction nouvelle par M. Francisque Reynard. 2 vol.	20. »	14. »	15.25
COPPÉE (François). — **Poésies.** 3 vol.	30. »	21. »	22.50
— **Théâtre.** 3 vol.	30. »	21. »	22.50
— **Prose.** 2 vol.	20. »	14. »	16. »
BARBET D'AUREVILLY. — **L'Ensorcelée.** 1 vol.	11. »	7.50	8.25
— **Une Vieille Maîtresse.** 2 vol.	20. »	15. »	16.50
— **Le Chevalier des Touches.** 1 vol.	11. »	7.50	8.25
— **Le Prêtre marié.** 2 vol.	20. »	15. »	16.50
— **Les Diaboliques.** 1 vol.	11. »	7.50	8.25
BANVILLE (Théodore de). — **Idylles prussiennes.** 1 vol.	10. »	7. »	7.75
— **Odes funambulesques.** 1 vol. avec frontispice.	11. »	7.50	8.25
— **Les Exilés.** 1 vol. avec portrait	10. »	7. »	7.75
— **Occidentales.** 1 vol. avec frontispice	11. »	7.50	8.25
— **Les Cariatides.** 1 vol. avec portrait	10. »	7. »	7.75
— **Comédies.** 1 vol.	11. »	7.50	8.25
BOUILHET (Louis). — Festons et Astragales. — Melænis. — Dernières chansons. 1 vol.	11. »	7.50	8.25
BRIZEUX (Auguste). — **Poésies.** — Marie. — Télen Arvor. — Furnez Breiz. 1 vol.	10. »	7. »	7.75
— **Les Bretons.** 1 vol.	10. »	7. »	7.75
— **Histoires poétiques.** 2 vol.	20. »	14. »	15.50
CHATEAUBRIAND. — **Atala.** — **René.** — **Le Dernier Abencerrage,** avec notice et notes par Anatole France. 1 vol.	11. »	7.50	8.25
CHÉNIER (André). — **Poésies complètes.** 3 vol. Tirage sur papier vergé.	33. »	21.50	24. »
DAUDET (Alphonse). — **Lettres de mon moulin.** 1 vol.	11. »	7.50	8.25
— **Le Petit Chose,** histoire d'un enfant. 1 vol.	11. »	7.50	8.25
— **Contes du Lundi.** 1 vol.	11. »	7.50	8.25
— **Fromont jeune et Risler aîné.** 1 vol.	11. »	7.50	8.25
— **Jack.** 2 vol.	20. »	14. »	15.50
— **Les Femmes d'Artiste, Robert Helmont.** 1 vol.	11. »	7.50	8.25
— **Numa Roumestan.** 1 vol.	11. »	7.50	8.25
6 Eaux-fortes dessinées et gravées par Félix Buhot, pour illustrer les *Lettres de mon moulin*.	10. »	8. »	8.50
FLAUBERT (Gustave). — **Madame Bovary.** 2 vol.	20. »	14. »	15.50
— **Salammbô.** 2 vol.	20. »	14. »	15.50
— **Trois Contes.** 1 vol.	10. »	7. »	8.25

PETITE BIBLIOTHÈQUE LITTÉRAIRE

		PRIX à L'ODÉON	FRANCO en PROVINCE
FLAUBERT (Gustave) — **Tentation de saint Antoine.** 1 vol.	10. »	7. »	8.25
— **L'Éducation sentimentale.** 2 vol.	20. »	14. »	15.50
— **Bouvard et Pécuchet.** 1 vol.	10. »	7. »	8.25
— **Théâtre.** 1 vol. avec portrait	10. »	7. »	8.25
HUGO (Victor). — **Odes et Ballades.** — **Les Orientales.** 2 vol. avec portrait. Chaque volume	22. »	15. »	16.50
— **Les Feuilles d'automne.** — **Les Chants du crépuscule.** 1 volume	11. »	7.50	8.25
— **Les Voix intérieures.** — **Les Rayons et les Ombres.** 1 vol. avec portrait	11. »	7.50	8.25
— **Les Châtiments.** 1 vol. avec portrait	11. »	7.50	8.25
— **Les Contemplations.** 2 vol.	22. »	15. »	16. »
— **La Légende des Siècles.** 1 vol. avec portrait	11. »	7.50	8.25
— **Les Chansons des rues et des bois.** 1 vol.	11. »	7.50	8.25
— **L'Année terrible.** 1 vol.	11. »	7.50	8.25
— **L'Art d'être Grand-Père.** 1 vol.	11. »	7.50	8.25
— **La Légende des Siècles.** Nouvelle série. 2 vol.	22. »	15. »	16.50
— **Théâtre.** 4 vol.	44. »	30. »	33. »
— **Notre-Dame de Paris.** 2 vol. avec portrait	22. »	15. »	16.50
MUSSET (Alfred de). — **Comédies et Proverbes.** 3 vol.	33. »	22.50	25. »
— **La Confession d'un enfant du siècle.** 1 volume avec portrait	11. »	7.50	8.25
— **Nouvelles.** — Emmeline. — Les deux Maîtresses. — Frédéric et Bernerette. — Le Fils du Titien. — Margot. 1 vol.	11. »	7.50	8.25
— **Contes et Nouvelles.** — Croisilles. — Le Merle blanc. — Pierre et Camille. — Le Secret de Javotte. — Mimi Pinson. — La Mouche. 1 vol.	11. »	7.50	8.25
— **Poésies,** 1828-1833. — Contes d'Espagne et d'Italie. — *Poésies diverses.* — Spectacle dans un fauteuil. — Namouna. 1 vol.	11. »	7.50	8.25
— **Poésies,** 1833-1852. — Rolla. — Les Nuits. — Poésies nouvelles. — Contes en vers. 1 vol. avec portrait	11. »	7.50	8.25
— **Mélanges de littérature et de critique.** — L'Art moderne. — Le Salon de 1836. — De la Tragédie. — Mademoiselle Pauline Garcia. — Tableau d'Eglise. — Faire sans dire. — Revue fantastique. — Discours de réception à l'Académie. 1 vol.	11. »	7.50	8.25
— **Œuvres posthumes.** — Poésies diverses. — Un Souper chez Mlle Rachel. — Faustine. — L'Ane et le Ruisseau. — Lettres. 1 vol. avec portrait	11. »	7.50	8.25
MUSSET (Paul de). — **Biographie d'Alfred de Musset.** 1 vol. avec portrait	11. »	7.50	8.25
SILVESTRE (Armand). — **Poésies** (1866-1872). Rimes neuves et vieilles. — Les Renaissances. — La Gloire du souvenir. 1 vol.	11. »	7.50	8.25
— La Chasse aux Mouches d'or. — Les Rimes ironiques. — Un grand Homme qu'on attend (1872-1882). 1 vol.	11. »	7.50	8.25
SULLY-PRUDHOMME. — **Poésies** (1865-1866). Stances et Poèmes. 1 volume	11. »	7.50	8.25
— **Poésies** (1866-1872). 1 vol.	11. »	7.50	8.25
— **Poésies** (1872-1878). 1 vol.	11. »	7.50	8.25
— **Poésies** (1878-1879). 1 vol.	11. »	7.50	8.25
THEURIET (André). — **Poésies** (1860-1874). Le Chemin des bois. — Le Bleu et le Noir. 1 vol.	11. »	7.50	8.25

OUVRAGES

A L'USAGE DE LA JEUNESSE ET DE L'ENFANCE

COLLECTION HACHETTE, IN-8

Prix du volume cartonné, tranches dorées, 6 fr., net 4 fr. 75, *franco* 5 fr. 75.

ASSOLANT (A.). — **Montluc le Rouge.** 2 vol. ill. de 107 grav. d'après Sahib.
— **Pendragon.** 1 vol. ill. de 42 grav. d'après C. Gilbert.

AUERBACH. — **La Fille aux pieds nus.** Nouvelle imitée de l'allemand, par J. Gourdault. 1 vol. ill. de 72 grav. d'après Vautier.

BAKER (S.-W.). — **L'Enfant du naufrage.** 1 vol., traduit de l'anglais par Mme Fernand, et ill. de 10 gravures.

BLANDY (Mme S.). — **Rouzétou.** 1 vol. ill. de 112 grav. d'après E. Zier.

CAHUN (L.). — **Les Pilotes d'Ango.** 1 vol. ill. 45 grav. d'après Sahib.
— **Les Mercenaires.** — 1 vol. ill. de 54 grav. d'après P. Fritel, P. Sellier, etc.

CHÉRON DE LA BRUYÈRE (Mme). — **La Tante Derbier.** 1 vol. ill. de 50 grav. d'après Myrbach.

COLOMB (Mme). — **Les Violoneux de la Sapinière.** 1 vol. ill. de 85 grav. d'après A. Marie.
— **La Fille de Carilès.** 1 vol. ill. de 96 grav. d'après A. Marie.
— **Deux Mères.** 1 vol. ill. de 133 grav. d'après A. Marie.
— **Le Bonheur de Françoise.** 1 vol. ill. de 112 grav. d'après A. Marie.
— **Chloris et Jeanneton.** 1 vol. ill. de 105 grav. d'après Sahib.
— **L'Héritière de Vauclain.** 1 vol. ill. de 105 grav. d'après C. Delort.
— **Franchise.** 1 vol. ill. de 113 grav. d'après C. Delfort.
— **Feu de paille.** 1 vol. ill. de 98 grav. d'après Tofani.
— **Les Étapes de Madeleine.** 1 vol. ill. de 104 grav. d'après Tofani.
— **Denis le tiran.** 1 vol. ill. de 115 grav. d'après Tofani.
— **Pour la Muse.** 1 vol ill. de 105 grav. d'après Tofani.
— **Pour la Patrie.** 1 vol. ill. de 112 grav. d'après E. Zier.
— **Hervé Plémeur.** 1 vol. ill. de 112 grav. d'après E. Zier.
— **Jean l'innocent.** 1 vol. ill. de 112 grav. d'après Zier.

CORTAMBERT (E.). — **Voyage pittoresque à travers le monde.** 1 vol. illustré de 81 gravures.
— **Mœurs et caractères des peuples** (Europe, Afrique). 1 vol. illustré de 60 gravures.
— **Mœurs et caractères des peuples** (Asie, Amérique, Océanie). 1 vol. illustré de 60 grav.

CORTAMBERT (E.) et DESLYS (Ch.). — **Le Pays du soleil.** 1 vol. ill. de 35 gravures.

DAUDET (E.). — **Robert Darnetal.** 1 vol. ill. de 81 grav. d'après Sahib.

DEMOULIN (Mme Gustave). — **Les Animaux étrangers.** 1 vol. ill. de 172 grav.
— **Les Gens de bien.** 1 vol. ill. de 32 grav. d'après Gilbert, etc.
— **Les Maisons des bêtes.** 1 vol. ill. de 109 grav.

DESLYS (Ch.). — **Courage et Dévouement.** 1 vol. ill. de 31 grav. sur bois d'après Lix et Gilbert.
— **L'Ami François.** — **Les Noménoé.** — **La petite Reine** . 1 vol. ill. de 35 grav.
— **Nos Alpes.** — **Le Muet de Brides.** — **Les Légendes d'Evian.** 1 vol. ill. de 39 grav.
— **La Mère aux chats.** — **La balle d'Iéna.** — **La fille du Rebouteur.** — **Le Bien d'autrui.** 1 vol. ill. de 30 grav. d'après David.

ÉNAULT (L.). — **Le Chien du capitaine.** — **Trop curieux.** — **Les Roses du docteur.** — **Le mont Saint-Michel.** 1 vol. ill. de 43 gravures d'après E. Riou et P. Kauffmann.

ERWIN (Mme E. d'). — **Heur et Malheur.** 1 vol. ill. de 50 grav. d'après H. Castelli.

FATH (G.). — **Le Paris des enfants.** 1 vol. ill. de 60 grav. d'après l'auteur.

FLEURIOT (Mlle Z.). — **M. Nostradamus.** 1 vol. ill de 36 grav. d'après A. Marie.
— **La petite Duchesse.** 1 vol. ill. de 75 grav. d'après A. Marie.
— **Grandcœur.** 1 vol. ill. de 45 grav. d'après C. Delort.

FLEURIOT (Mlle Z.). — **Raoul Daubry, chef de famille.** 1 vol. ill. de 32 grav. d'après G. Delort.
— **Mandarine.** 1 vol. ill. de 96 grav. d'après G. Delort.
— **Cadok.** 1 vol. ill. de 24 grav. d'après G. Gilbert.
— **Caline.** 1 vol. ill. de 102 grav. d'après A. Fraipont.
— **Feu et Flamme.** 1 vol. ill. de 83 grav. d'après Tofani.
— **Le Clan des têtes chaudes.** 1 vol. ill. de 65 grav. d'après Myrbach.

GIRARDIN (J.). — **Les Braves gens.** 1 vol. ill. de 115 grav. d'après E. Bayard.
— **Nous autres.** 1 vol. ill. de 182 grav. d'après E. Bayard.
— **Fausse route.** 1 vol. ill. de 65 grav. d'après H. Castelli, A. Marie et Sahib.
— **La toute Petite.** 1 vol. ill. de 128 grav. d'après E. Bayard.
— **L'oncle Placide.** 1 vol. ill. de 139 grav. d'après A. Marie.
— **Le Neveu de l'oncle Placide.** 1re partie. 1 vol. ill. de 122 grav. d'après A. Marie.
— — — 2e partie. 1 vol. ill. de 98 grav. d'après A. Marie.
— — — 3e et dernière partie. 1 vol. ill. de 147 grav. d'après A. Marie.
— **Grand-Père.** 1 vol. ill. de 91 grav. d'après C. Delort.
— **Maman.** 1 vol. ill. de 112 grav. d'après Tofani.
— **Le Roman d'un cancre.** 1 vol. ill. de 119 grav. d'après Tofani.
— **Les Millions de la tante Zézé.** 1 vol. ill. de 112 grav. d'après Tofani.
— **La famille Gaudry.** 1 vol. ill de 112 grav. d'après Tofani.
— **Histoire d'un Berrichon.** 1 vol. ill. de 112 grav. d'après Tofani.
— **Le capitaine Bassinoire.** 1 vol. ill. de 119 grav. d'après Tofani.

GIRON (Aimé). — **Les trois rois Mages.** 1 vol. ill. de 60 grav. d'après Fraipont et Pranishnikoff.

GOURAUD (Mlle J.). — **Cousine Marie.** 1 vol. ill. de 36 grav. d'après A. Marie.

HAYES (Le Dr I.-J.). — **Perdu dans les glaces.** 1 vol. traduit de l'anglais par L. Renard, et ill. de 58 grav. d'après Crépon, etc.

HENTY (G.-A.). — **Les jeunes Francs-tireurs.** 1 vol. traduit de l'anglais, par Mme L. Rousseau, et illustré de 20 grav. d'après Janet-Lange.

KINGSTON (W.-H.). — **Une croisière autour du monde.** Ouvrage imité de l'anglais par J. Belin de Launay. 1 vol. ill. de 44 grav.

PAULIAN (L.). — **La Hotte du Chiffonnier.** 1 vol. ill. de 47 grav. d'après J. Férat, etc.

ROUSSELET (L.). — **Le Charmeur de serpents.** 1 vol. ill. de 68 grav. d'après A. Marie.
— **Le Fils du Connétable.** 1 vol. ill. de 114 grav. d'après Y. Pranishnikoff.
— **Les deux Mousses.** 1 vol. ill. de 90 grav. d'après Sahib.
— **La Peau du tigre.** 1 vol. ill. de 102 grav. d'après Bellecroix et Tofani.
— **Le Tambour du Royal-Auvergne.** 1 vol. ill. de 115 grav. d'après F. Peirson.

SAINTINE. — **La Nature et ses trois règnes.** Causeries et contes d'un bon papa sur l'histoire naturelle. 1 vol. ill. de 171 grav. d'après Foulquier et Faguet.
— **La Mythologie du Rhin et les Contes de la Mère-Grand.** 1 vol. illustré de 169 gravures d'après Gustave Doré.

STANLEY (H.). — **La Terre de servitude.** 1 vol. traduit de l'anglais par Levoisin, et ill. de 21 grav. d'après Philippoteaux.

TISSOT et AMÉRO. — **Aventure de trois fugitifs en Sibérie.** 1 vol. ill. de 72 grav. d'après Y. Pranishnikoff.

TOM BROWN. — **Scènes de la vie de collège** en Angleterre. Ouvrage imité de l'anglais par J. Girardin. 1 vol. ill. de 69 grav.

WITT (Mme de) (née Guizot). — **Une sœur.** 1 vol. ill. de 65 grav. d'après E. Bayard.
— **Scènes historiques,** 1re série. 1 vol. ill. de 18 grav. d'après E. Bayard.
— **Scènes historiques,** 2e série. 1 vol. ill. de 28 grav. d'après A. Marie et Sahib.
— **Lutin et Démon.** — **A la rescousse.** — **De glaçons en glaçons.** 1 vol. ill. de 56 grav. sur bois d'après Y. Pranishnikoff et E. Zier.
— **Normands et Normandes.** 1 vol. ill. de 70 grav. sur bois d'après Ed. Zier.
— **Notre-Dame Guesclin.** — **La Jacquerie.** — **Delhi et Cawnpore.** 1 vol. ill. de 83 grav. d'après Zier.
— **Légendes et Récits pour la jeunesse.** 1 vol. ill. de 18 grav. d'après Philippoteaux.
— **Un Nid.** 1 vol. ill. de 63 grav. sur bois d'après Ferdinandus.
— **Un Jardin suspendu.** — **Un Village primitif.** — **Le Tapis des quatre Facardins.** 1 vol. ill. de 40 grav. d'après C. Gilbert et Semechini.

RÉIMPRESSION DES PLUS BEAUX LIVRES A GRAVURES

DU XVIIIe SIÈCLE

ÉDITION LEMONNYER

		PRIX à L'ODÉON	FRANCO en PROVINCE
FONTAINE (Jean de LA). — **Contes et Nouvelles** en vers, préface inédite par Anatole de Montaiglon, ornés de 100 magnifiques estampes, la plupart d'après Fragonard. 2 forts vol. in-4, papier vélin fort, imprimés avec le plus grand luxe par Hérissey, d'Évreux, sur les beaux caractères de Didot l'aîné	150. »	100. »	110. »
Le même ouvrage, richement rel. maroquin amateur, tête dorée, tr. ébarbées	180. »	125. »	135. »
Choix de Chansons, mises en musique par M. de Laborde, premier Valet de chambre du Roi, Gouverneur du Louvre, dédiées à Mme la Dauphine. Réimpression fac-simile sur l'édition de *Paris, de Lormel*, 1773, ornée du portrait de M. de Laborde, dit *à la Lyre*, et du rarissime portrait en pied de Mme de Laborde, par Denon. 4 beaux vol. in-8 jésus, sur papier vergé de Hollande, texte et musique entièrement gravés en taille-douce. Tirage à 750 exemplaires numérotés	200. »	140. »	145. »
Le Fond du sac. Recueil de contes en vers, par Nogaret, Théis et l'abbé Bretin. 2 jolis vol. in-16, papier vergé, caractères elzéviriens, fleurons et culs-de-lampe, ornés d'un très beau frontispice, et de 21 gravures en taille-douce à mi-page, dans le genre des vignettes de Duplessis-Bertaux	30. »	22. »	24. »
Sur papier vergé de Hollande	50. »	35. »	38. »
Sur papier de Chine	70. »	50. »	52. »
Contes et nouvelles en vers, par Voltaire, Vergier, Grécourt, Piron, Dorat, Saint-Lambert, etc., etc. 2 jolis vol. in-16, papier vergé, caractères elzéviriens, ornés de 46 vignettes en taille-douce et de deux portraits médaillons sur les titres, par Duplessis-Bertaux	30. »	22. »	24. »
Sur papier vergé de Hollande	50. »	35. »	37. »
Sur papier vélin à la cuve	60. »	45. »	47. »
Sur papier de Chine	70. »	50. »	52. »
FONTAINE (Jean de LA). — **Contes et nouvelles** en vers. 2 forts vol. in-16. papier vergé, caractères elzéviriens, ornés de 77 charmantes vignettes à mi-page de Duplessis-Bertaux, de deux portraits-médaillons sur les titres, et d'un beau portrait de La Fontaine	40. »	39. »	31. »
Sur papier vergé de Hollande	60. »	44. »	46. »
Sur papier vélin à la cuve	70. »	52. »	54. »
Sur papier de Chine	80. »	60. »	62. »
VOLTAIRE. — **La Pucelle d'Orléans.** 2 vol. in-16, papier vergé, caractères elzéviriens, ornés du portrait de l'auteur, de deux portraits médaillons sur les titres, d'un frontispice et de 21 gravures à mi-page de Duplessis-Bertaux	30. »	21. »	23. »
150 exemplaires sur papier vergé de Hollande	50. »	37. »	39. »
150 — sur papier vélin à la cuve	60. »	45. »	47. »
50 — sur papier de Chine	70. »	52. »	54. »
DORAT. — **Les Baisers,** précédés du Mois de mai, sur l'édition de La Haye et Paris, 1670, grand in-8, titre rouge et noir, frontispice, un fleuron sur le titre, une figure par Eisen, gravée par Longueil, 22 vignettes et 22 culs-de-lampe, par Eisen et Marillier, gravés par Aliamet, Bacquoy, Binet, Delaunay, Longueil, etc. 1 beau vol. gr. in-8, papier vergé de Hollande, caractères elzéviriens	50. »	40. »	42. »
Le même, sur Japon, avec une triple suite de gravures en bistre bleu et sanguine	200. »	140. »	145. »
MONTESQUIEU. — **Le Temple de Gnide,** suivie de Arsace et Isménie, nouvelle édition, avec figures d'Eisen et de Le Barbier, gravées par Lemire, préface par Octave Uzanne. 1 beau vol. in-8 jésus, papier vergé de Hollande, imprimé par Hérissey, d'Evreux, et orné de 15 gravures en taille-douce		22. »	24. »
Le même, sur papier du Japon, avec une quadruple suite de gravures	100. »	70. »	75. »

ÉTRENNES SÉRIEUSES

OUVRAGES DE BIBLIOTHÈQUE, D'OCCASION

NOTA. — *Tous les ouvrages que nous offrons à notre clientèle sont en parfait état, reliures propres. Nous ne possédons pour la plupart d'entre eux que quelques exemplaires. — Tous les envois sont expédiés franco.*

BALZAC. — **Œuvres complètes.** 24 vol. in-8. Edition M. Lévy, bonne demi-reliure, net . . . . 160. »
Bel exemplaire.

BUFFON. — **Œuvres.** 26 vol. in-8, bonne demi-reliure veau, fig., net . . 40. »

Céramique japonaise, par Audsley et Bowes, publié sous la direction de M. Racinet, traduction de Louisy. 40 pl. en couleur, 23 pl. en autotypie et photolithographie, avec un texte français. 1 vol. in-4 en carton, 500 fr., net. . . . . 250. »

CHOISY. — **L'Art de bâtir chez les Byzantins.** 1 magnifique vol. in-fol. en carton, fig. hors texte. . . . . 40. »

— **L'Art de bâtir chez les Romains.** 1 magnifique vol. in-fol. en carton, nombreuses planches. . . . . 40. »

Consulat et Empire, par A. Thiers. 20 volumes in-8, bonne demi-reliure. 220 fr., net. . . . . 115. »

CHATEAUBRIAND. — **Œuvres complètes.** Edition Pourrat. 36 vol. in-8, magnifique reliure demi-maroquin rouge, non rog., fig. 350 fr., net . . . . 110. »
Splendide exemplaire. Etat parfait.

Comptes rendus de l'Académie des sciences, publiés conformément à une décision de l'Académie par MM. les Secrétaires perpétuels, 1857 à 1882 incl. 52 vol. in-4, rel. veau fauve, tranches jasp., net. 550. »
Bonne reliure de fatigue.

Encyclopédie du XIXe siècle. 26 vol. gr. in-8, bonne demi-rel., net. 50. »

FLEURY. — **Histoire ecclésiastique.** 37 vol. in-4, reliure en veau pl. . . 90. »
Ouvrage recherché. — Notre exemplaire est ancien et la reliure a besoin d'être rafraîchie. Il est très propre à l'intérieur.

FROISSART. — **Œuvres.** 26 vol. in-8, br., 156 fr., net. . . . . 60. »
Bel exemplaire non coupé.

HUGO (Victor). — **Œuvres complètes.** 20 vol. in-8. Edition Houssiaux, bonne demi-reliure, net . . . . 120. »
Bel exemplaire.

Journal de Pharmacie et de Chimie. 60 vol. in-8, d.-rel. veau fauve. 300. »
Bel exemplaire.

Le Monde, histoire de tous les peuples. 10 vol. in-8 rel., nombreuses gravures. 65 fr., net . . . . 30. »
Bel état.

LAMARTINE. — **Histoire des Deux Restaurations.** 8 vol. gr. in-8, rel. en 4. net . . . . 20. »
Exemplaire propre.

— **Histoire des Girondins.** 8 volumes grand in-8, bonne demi-relure chagrin, net . . . . 32. »

LAHARPE. — **Cours de Littérature.** 18 vol. in-8, bonne demi-reliure veau fauve, net . . . . 35. »

PRISSE D'AVESNES. — **L'Art Arabe,** 3 magnifiques vol. ill. de 200 planches et de nombreuses chromolithographies et gravures. . . . . 550. »
Ouvrage recherché et très rare.

VIENT DE PARAITRE

ALPHONSE DAUDET

LA

BELLE-NIVERNAISE

HISTOIRE D'UN VIEUX BATEAU ET DE SON EQUIPAGE

ÉDITION DE GRAND LUXE

Illustrée par MONTÉGUT

DE NOMBREUSES GRAVURES DANS LE TEXTE

ET DE PLANCHES A PART TIRÉES EN PHOTOTYPIE

UN BEAU VOLUME GRAND IN-8º JÉSUS

PRIX : Broché.	**10** fr., net	**8. »**	*Franco*	**9. »**
— Relié toile, tranches dorées et plaque. .	**14** —	**10.50**	—	**12. »**
— Relié demi-chagrin, tranches dorées. . .	**16** —	**11.50**	—	**13. »**

VIENT DE PARAITRE

BIBLIOTHÈQUE SCIENTIFIQUE POPULAIRE PUBLIÉE SOUS LA DIRECTION DE CAMILLE FLAMMARION

LA CRÉATION DE L'HOMME

ET LES PREMIERS AGES DE L'HUMANITÉ

Par HENRI DU CLEUZIOU

(OUVRAGE FAISANT SUITE AU « MONDE AVANT LA CRÉATION DE L'HOMME »)

Un beau volume grand in-8 jésus, illustré de 350 figures

CINQ GRANDES PLANCHES TIRÉES A PART, DEUX CARTES EN COULEUR

Prix :				
Prix : Broché	12 fr.,	net 10. »	*franco*	11
— Relié toile, tranches dorées et plaque	15	— 11.50	—	13
— — demi-chagrin, tranches dorées	16	— 12.50	—	14
— Reliure d'amateur, avec coins	18	— 14.50	—	16

Flammarion. — **Récits de l'Infini. — Lumen. — Histoire d'une âme. — Histoire d'une comète. — La Vie universelle et éternelle.**
1 vol. in-8, d.-rel. chagr., dor. en tête, n. rog. 6. » net 5. » *franco* 5.50
Le même, broché. 3.50 — 2.75 — 3.25

— **Les derniers Jours d'un philosophe.** Entretien sur la nature et sur les sciences, traduit de l'anglais et annoté (sir Humphry Davy).
1 vol. in-18, d.-rel. chag., dor. en tête., n. rog. 6. » net 2.75 *franco* 3.25
Le même, broché. 3.50 — 2.75 — 3.25

— **Mes Voyages aériens,** journal de bord, de douze voyages en ballons avec plans topographiques.
1 vol. in-18, rel. chag., dor. en tête, n. rog. 6. » net 5. » *franco* 5.50
Le même, broché. 3.50 — 5. » — 5.50

— **Études et lectures sur l'Astronomie.**
9 vol. in-12, avec fig. et cartes (Gauthier-Villars). Cart. à l'anglaise, vert en lieu de 31.50 net 25. » *franco* 27. »

— **Astronomie populaire.** Un des rares exemplaires sur papier de Hollande. Belle reliure d'amateur. 40. » net 30. » *franco* 32. »

— **Dans le Ciel et sur la Terre.** Tableaux et harmonies, ill. de 4 eaux-f., par Kauffmann.
In-16, d.-rel. amat., dor. en tête, n. r. 7.50 net 6. » *franco* 6.50
Le même, broché. 5. » — 4. » — 4.50

— **La Pluralité des Mondes habités** au point de vue de l'astronomie, de la physiologie et de la philosophie naturelle.
1 vol. in-18, d.-rel. amateur, tête dorée 6. » net 5. » *franco* 5.75
Le même, broché 3.50 — 2.75 — 3.25

— **Les Mondes imaginaires** et les mondes réels. Revue des théories humaines sur les habitants des astres.
1 vol. in-18, d.-rel. amateur, tête dorée. 6. » net 5. » *franco* 5.50
Le même, broché. 3.50 — 2.75 — 3.25

— **Dieu dans la Nature,** ou le spiritualisme et le matérialisme devant la science moderne.
1 vol. in-18, d.-rel. amateur, tête dorée. 6.50 net 5.50 *franco* 6. »
Le même, broché. 4. » — 3.25 — 3.75

OUVRAGES DE

CAMILLE FLAMMARION

LE MONDE

AVANT LA CRÉATION DE L'HOMME

ORIGINES DE LA TERRE — ORIGINES DE LA VIE — ORIGINES DE L'HUMANITÉ

Un volume grand in-8° jésus, illustré de plus de 400 figures, vues idéales du monde antédiluvien chromolithographies, cartes en couleurs, etc.

Prix : Broché.	10 fr.,	net 8. »	*franco*	9.50
— Relié toile, tranches dorées et plaque.	14	— 10.50	—	12.50
— — demi-chagrin, tranches dorées.	15	— 12. »	—	13.50
— Reliure d'amateur.	16	— 13. »	—	14.50

ASTRONOMIE POPULAIRE

Quatre-vingtième mille

UN BEAU VOLUME GRAND IN-8° JÉSUS DE 840 PAGES, COURONNÉ PAR L'ACADÉMIE FRANÇAISE

Illustré de 360 gravures, 7 chromolithographies, cartes célestes, etc.

Prix : Broché.	12 fr.,	net 9.50	*franco*	11. »
— Relié toile, tranches dorées et plaque.	16	— 12. »	—	13.50
— — demi-chagrin, tranches dorées.	17	— 13.50	—	15. »
— Reliure d'amateur, avec coins.	18	— 14.50	—	16. »

LES ÉTOILES

ET LES CURIOSITÉS DU CIEL

Description complète du Ciel, étoile par étoile, Constellations, Instruments, etc.

QUARANTIÈME MILLE

Un volume grand in-8° jésus, illustré de 400 gravures et de chromolithographies.

Prix : Broché.	12 fr.,	net 9.50	*franco*	11. »
— Relié toile, tranches dorées et plaque.	16	— 12.50	—	13.50
— — demi-chagrin, tranches dorées.	17	— 13.50	—	15. »
— Reliure d'amateur, avec coins.	18	— 14.50	—	16. »

LES TERRES DU CIEL

DESCRIPTION DES AUTRES MONDES, ÉTAT PROBABLE DE LA VIE A LEUR SURFACE

Ouvrage illustré de photographies célestes, vues télescopiques, cartes et nombreuses figures.

Un volume grand in-8° jésus.

Prix : Broché.	12 fr.,	net 9.50	*franco*	11. »
— Relié toile, tranches dorées et plaque.	16	— 12. »	—	13.50
— — demi-chagrin, tranches dorées.	17	— 13.50	—	15. »
— Reliure d'amateur, avec coins.	18	— 14.50	—	16. »

EDITION SPÉCIALE POUR LA JEUNESSE

HECTOR MALOT

LA PETITE SOEUR

UN BEAU VOLUME GRAND IN-8° JÉSUS

Illustré par

CHAPUIS, DASCHER, C. GUYOT, H. MARTIN, MOUCHOT, ROCHEGROSSE, VOGEL

GRAVURE DE F. MÉAULLE

Prix : Broché . . . . **10.** » net **8.** » *franco* **9.50**
— Relié toile, tranches dorées et plaque.. **14.** » — **10.50** — **12.** »
— — demi-chagrin, tranches dorées. . **16.** » — **12.** » — **13.50**

C. Amero. — **Tour de France d'un Petit Parisien.** (Ouvrage couronné par l'Académie française.)
Broché . . . . **9.** » net **7.50** *franco* **8.50**
Toile, tr. dorées. . . . . **12.** » — **9.** » — **10.50**

Boussenard (Louis). — **Aventures d'un Gamin de Paris au Pays des Lions.**
Broché . . . . **9.** » net **7.50** *franco* **8.50**
Toile, tr. dorées. . . . . **12.** » — **9.** » — **10.50**

— **Aventures d'un Héritier à travers le Monde.**
Broché. . . . . **9.** » net **7.50** *franco* **8.50**
Toile, tr. dorées . . . . **12.** » — **9.** » — **10.50**

— **Aventures périlleuses de trois Français au Pays des Diamants.**
Broché. . . . . **9.** » net **7.50** *franco* **8.50**
Toile, tr. dorées . . . . **12.** » — **9.** » — **10.50**

— **Tour du Monde d'un Gamin de Paris.**
Broché . . . . **9.** » net **7.50** *franco* **8.50**
Toile, tr. dorées . . . . **12.** » — **9.** » — **10.50**

— **Aventures d'un Gamin en Océanie.**
Broché. . . . . **9.** » net **7.50** *franco* **8.50**
Toile, tr. dorées . . . . **12.** » — **9.** » — **10.50**

Rouais (Paul). — **Dictionnaire des Arts décoratifs.**
Broché. . . . . **12.** » net **9.** » *franco* **11.** »
Cartonné. . . . . **16.** » — **12.** » — **14.** »

Robida. — **Œuvres de Rabelais** (en 2 volumes).
Chaque volume, broché . . . . **15.** » net **12.** » *franco* **13.50**
Chaque volume, relié . . . . **20.** » — **16.** » — **17.50**

Hoche (Jules). — **Voyage au Pays des Croisades.**
Broché . . . . **15.** » net **12.** » *franco* **13.50**
Toile, tr. dorées. . . . . **20.** » — **16.** » — **17.50**

SPÉCIMEN DES GRAVURES DE « TARTARIN SUR LES ALPES »

ÉTRENNES DE 1887

ALPHONSE DAUDET

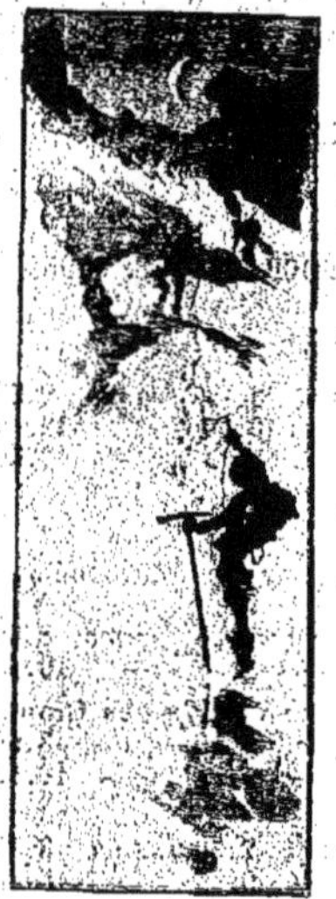

Tartarin

sur les

Alpes

ÉDITION ILLUSTRÉE

DE

150 compositions

PAR

MM. MYRBACH, ARANDA, DE BEAUMONT, ROSSI, MONTENARD

FRONTISPICE ET COUVERTURE, AQUARELLES DE ROSSI

Portrait de l'auteur

UN VOLUME IN-18

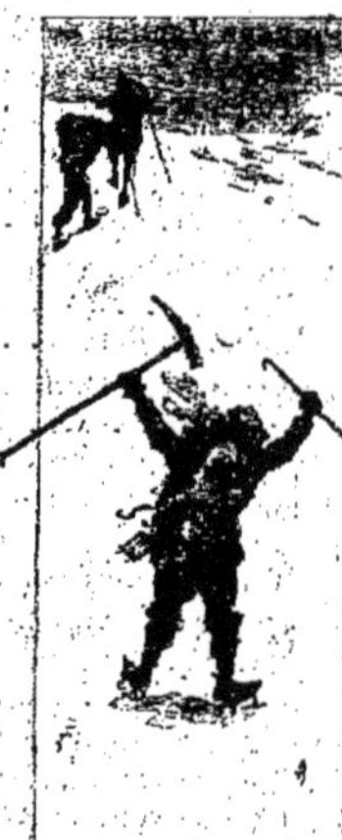

Prix :	Broché.	3.50 net 2.75 f^co 3.25
—	Relié toile, avec plaque.	5. » — 4. » — 4.50
—	Belle reliure d'amateur. .	6. » — 4.75 — 5.25

OUVRAGE COURONNÉ PAR L'ACADÉMIE FRANÇAISE

MARIE-ROBERT HALT

HISTOIRE D'UN PETIT HOMME

ÉDITION DE GRAND LUXE, ORNÉE DE PRÈS DE 100 GRAVURES

UN VOLUME GRAND IN-8° JÉSUS

Prix : Broché.	**10.** »	net **8.** »	*franco* **9.25**
— Relié toile, tranches dorées et plaque. .	**14.** »	— **10.50**	— **11.75**
— — demi-chagrin, tranches dorées. .	**16.** »	— **12.** »	— **13.25**

MARIE-ROBERT HALT

LA PETITE LAZARE

ÉDITION DE GRAND LUXE ILLUSTRÉE PAR GILBERT

UN BEAU VOLUME GRAND IN-8° JÉSUS

Prix : Broché	**10.** »	net **8.** »	*franco* **9.50**
— Relié toile, tranches dorées et plaque.	**14.** »	— **10.50**	— **11.75**
— — demi-chagrin, tranches dorées. .	**15.** »	— **12.** »	— **13.25**

ÉTRENNES SÉRIEUSES

ÉTRENNES 1887

JOSEPH MONTET

CONTES PATRIOTIQUES

Illustrés par

JEAN BÉRAUD, RENÉ GILBERT, LOUIS LE RÉVÉREND, EUGÈNE CHAPERON DÉSERT, SERGENT, CARAN D'ACHE, CHOUBRAC, WILLETTE, ETC.

UN VOLUME GRAND IN-16

Prix : Broché. . . . . 5 fr., net 4 fr., *franco* 4.50
— Relié toile, tranches dorées et plaque. . 6 — 5 — 5.50

PAUL DÉROULÈDE

MONSIEUR LE HULAN

OU LES TROIS COULEURS

Illustré de 16 compositions de Kauffmann tirées en couleur.

UN ÉLÉGANT ALBUM IN-4° RELIÉ RICHEMENT AVEC PLAQUE

Prix : 5 fr., net 4 fr., *franco* 4.50.

AUTEURS CÉLÈBRES

COLLECTION ELZÉVIRIENNE

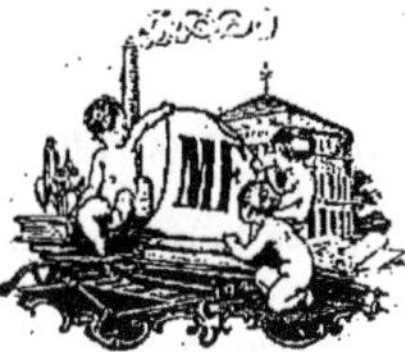

UN FRANC LE VOLUME

ŒUVRES AUTHENTIQUES

ÉLUCIDÉES PAR DES PRÉFACES, NOTES, NOTICES, VARIANTES TABLES ANALYTIQUES, GLOSSAIRES, INDEX

Molière. — Œuvres complètes. Notice sur chaque comédie par Ch. LOUANDRE	8 vol.
Villon. — Œuvres complètes	1 vol.
Caylus (Mme de). — Souvenirs	1 vol.
Contes fantastiques. — Le Diable amoureux, Démon marié, Merveilleuse histoire	1 vol.
La Princesse de Clèves	1 vol.
Malherbe. — Poésies complètes	1 vol.
Manon Lescaut	1 vol.
La Fontaine. — Contes et Nouvelles	2 vol.
La Fontaine. — Fables	2 vol.
Daphnis et Chloé	1 vol.
Restif de la Bretonne :	
* Contemporaines mêlées	1 vol.
** — du commun	1 vol.
*** — par gradation	1 vol.
Regnier. — Œuvres complètes	1 vol.
Heptaméron des nouvelles de la reine de Navarre	2 vol.
Voltaire. — Dialogues complets	3 vol.
Furetière. — Le Roman bourgeois	2 vol.
L'Homme à bonnes fortunes	1 vol.
Histoire de don Pablo de Ségovie	1 vol.
Rabelais. — Œuvres complètes (Notes et Glossaire)	7 vol.
Aventures de Til Ulespiègle	1 vol.
Bernardin de Saint-Pierre. — Paul et Virginie	1 vol.
Perrault. — Contes	1 vol.
Le Sage. — Le Diable boiteux	2 vol.
Fernando de Rojas. — La Célestine	1 vol.
Clément-Marot. — Œuvres complètes	4 vol.
Diderot. — Œuvres choisies :	
* Le neveu de Rameau	1 vol.
** Pensées philosophiques	1 vol.
*** La Religieuse	1 vol.
**** Jacques le fataliste	1 vol.
Anatole de Montaiglon. — Le Roman de Jehan de Paris	1 vol.
Chénier (André). — Poésies	1 vol.

TOUS LES VOLUMES SE VENDENT SÉPARÉMENT

Les mêmes ouvrages existent en papier de luxe
Papier vergé, le vol. broché, **2** fr.— Collection cartonnée percaline bleue, **2** fr. **50**
Papier Whatman, broché, **4** fr. — Papier de Chine, **15** fr.

Les titres suivants n'ont pas encore été publiés à UN FRANC le volume

CH. D'ORLÉANS. — Poésies complètes	2 vol.
MONTESQUIEU. — Lettres persanes	2 vol.
Heptaméron des Nouvelles de la REINE DE NAVARRE	2 vol.
Lettres de Mlle de LESPINASSE	2 vol.
STAAL (Mme DE). — Œuvres : mémoires, lettres, etc.	2 vol.
La Reconnaissance de Sakountalà	1 vol.
Merveilles de l'Inde (inédit)	1 vol.

Prix, cartonné percaline bleue, **2** fr. **50**

ENVOI FRANCO CONTRE MANDAT

MUSIQUE

DERNIÈRES NOUVEAUTÉS

		PRIX à L'ODÉON	FRANCO en PROVINCE
MESSAGER (A.) . .	**Les deux Pigeons**, ballet en 3 actes. . . .	10. »	7.50	8.50
PUGNO (R.) et LIPPACHER (G.). —	**Viviane**, ballet en 5 actes. . .	10. »	7.50	8.50
VASSEUR (Léon). . .	**Madame Cartouche**, op.-com. en 3 actes. .	12. »	9. »	10. »
ROGER (Victor). .	**Joséphine vendue par ses sœurs**, op. b. 3 a.	12. »	9. »	10. »
SERPETTE (G.). . . .	**Adam et Ève**, opérette fantastique, 3 actes.	12. »	9. »	10. »
LAJARTE (Th. de). .	**Les Jumeaux de Bergame**, ballet en 1 acte.	7. »	5.25	6. »

PARTITIONS, PIANO ET CHANT

			PRIX à L'ODÉON	FRANCO en PROVINCE
ADAM (Ad.).	**Le Chalet**, opéra-comique en 1 acte	10. »	7.50	8.50
—	**Le Chalet**, en petit format	5. »	3.75	4.50
—	**Giralda**, opéra-comique en 3 actes	15. »	11.25	12.25
—	**Le Postillon de Longjumeau**, op.-c. 3 act.	12. »	9. »	10. »
—	**La Poupée de Nuremberg**, opéra-comique.	8. »	6. »	7. »
—	**Le Toréador**, opéra-comique en 2 actes. .	10. »	7.50	8.50
AUBER (D.-F.-E.).	**Les Diamants de la couronne**, op.-c. 3 act.	15. »	11.25	12.25
—	**Le Domino noir**, opéra-comique en 3 actes.	15. »	11.25	12.25
—	**Fra Diavolo**, opéra-comique en 3 actes. . .	15. »	11.25	15.25
—	**Haydée**, opéra-comique en 3 actes	15. »	11.25	12.25
—	**La Muette de Portici**, opéra en 5 actes. .	20. »	15. »	16. »
—	**La Part du Diable**, op.-com. en 2 actes. .	15. »	11.25	12.25
—	**Le Philtre**, opéra en 2 actes.	15. »	11.25	12.25
AUDRAN (ED.). . .	**Le grand Mogol**, opéra bouffe en 3 actes. .	12. »	9. »	10. »
—	**La Mascotte**, opéra-comique en 3 actes . .	12. »	9. »	10. »
—	**Serment d'amour**, op.-com. en 3 actes. . .	12. »	9. »	10. »
BERLIOZ (H.). . .	**Béatrice et Benedict**, opéra en 2 actes. . .	12. »	9. »	10. »
—	**Benvenuto Celini**, opéra en 3 actes. . . .	15. »	11.25	12.25
—	**La Damnation de Faust**, légende dr. 4 part.	20. »	15. »	16. »
—	**Roméo et Juliette**, symphonie dramatique.	12. »	9. »	10. »
—	**Prise de Troie**, opéra en 3 actes.	12. »	9. »	10. »
—	**Les Troyens à Carthage**, opéra en 4 actes.	15. »	11.25	12.25
BIZET (G.).	**Carmen**, opéra-comique en 4 actes.	15. »	11.25	12.25
—	**La Jolie Fille de Perth**, opéra	15. »	11.25	12.25
—	**L'Arlésienne**, avec les chœurs.	7. »	5.25	6. »
—	— piano seul	5. »	3.75	4.25
—	— piano seul en 2 suites, chaque	3. »	2.25	2.50
—	— à 4 mains.	10. »	7.50	8.50
DAVID (F.).	**Le Désert**, ode symphonique en 3 parties.	7. »	5.25	6. »
—	**Lalla Roukh**, opéra-comique en 2 actes. . .	16. »	12. »	13. »
DELIBES (Léo). . .	**Lakmé**, opéra-comique en 3 actes.	15. »	11.25	12.25
—	**Coppélia**, ballet en 2 actes.	10. »	7.50	8.50
—	**Sylvia**, ballet en 3 actes.	10. »	7.50	8.50

MUSIQUE

			PRIX à L'ODÉON	FRANCO en PROVINCE
Donizetti	**La Favorite**, opéra en 4 actes	15. »	11.25	12.25
—	**La Fille du Régiment**, op.-com. 2 actes	15. »	11.25	42.25
—	— en petit format	8. »	6. »	7. »
—	**Lucie de Lammermoor**, opéra en 3 actes	12. »	9. »	10. »
Flotow (F. de)	**Martha**, opéra-comique en 4 actes	15. »	11.25	12.25
—	**L'Ombre**, opéra-comique en 3 actes	15. »	11.25	12.25
Gounod (Ch.)	**La Colombe**, opéra-comique en 2 actes	12. »	9. »	10. »
—	**Faust**, opéra en 5 actes	15. »	11.25	12.25
—	**Mireille**, opéra en 3 actes	15. »	11.25	12.25
—	**Philémon et Baucis**, op.-com. 2 actes	15. »	11.25	12.25
—	**Roméo et Juliette**, opéra en 5 actes	15. »	11.25	12.25
—	**Sapho**, opéra en 3 actes	15. »	11.25	12.25
—	**Le Tribut de Zamora**, opéra en 4 actes	20. »	15. »	16. »
—	**La Rédemption**, trilogie sacrée	10. »	7.50	8.50
Halévy (F.)	**L'Eclair**, opéra-comique en 3 actes	15. »	11.25	12.25
—	**La Juive**, opéra en 5 actes	25. »	18.75	19.75
—	**Les Mousquetaires de la Reine**, op.-c. 3 a.	15. »	11.25	12.25
—	**La Reine de Chypre**, opéra en 4 actes	20. »	15. »	16. »
Hérold (F.)	**Le Pré aux clercs**, op.-com. en 3 actes	15. »	11.25	12.25
—	**Zampa**, opéra-comique en 3 actes	15. »	11.25	12.25
Joncières (V.)	**Le Chevalier Jean**, drame lyrique 4 actes	20. »	15. »	16. »
Lacome (P.)	**Madame Boniface**, opéra bouffe en 3 actes	12. »	9. »	10. »
Lecocq (Ch.)	**Les Cent Vierges**, op.-com. en 3 actes	12. »	9. »	10. »
—	**Le Cœur et la Main**, op.-com. en 3 actes	12. »	9. »	10. »
—	**Giroflé-Girofla**, opéra bouffe en 3 actes	12. »	9. »	10. »
—	**Le Jour et la Nuit**, op. bouffe en 3 actes	12. »	9. »	10. »
—	**Le Petit Duc**, op.-com. en 3 actes	15. »	11.25	12.25
—	**La Petite Mariée**, op.-com. en 3 actes	12. »	9. »	10. »
—	**Plutus**, op.-com. en 3 actes	15. »	11.25	12.25
—	**La Princesse des Canaries**, op. b. 3 actes	12. »	9. »	10. »
Litolff (H.)	**Les Templiers**, opéra en 5 actes	20. »	15. »	16. »
Maillart (A.)	**Les Dragons de Villars**, op.-com. 3 actes	15. »	11.25	12.25
Massé (V.)	**Galathée**, op.-com. en 2 actes	12. »	9. »	10. »
—	**Les Noces de Jeannette**, op.-com. 1 acte	10. »	7.50	8.50
—	**Une Nuit de Cléopâtre**, opéra en 3 actes	20. »	15. »	16. »
Massenet (J.)	**Le Cid**, opéra en 5 actes	20. »	15. »	16. »
—	**Eve**, mystère	10. »	7.50	8.50
—	**Hérodiade**, opéra en 5 actes	20. »	15. »	16. »
—	**Les Erynnies**, tragédie antique	10. »	7.50	8.50
—	**Manon**, opéra-comique en 5 actes	20. »	15. »	16. »
—	**Marie-Magdeleine**, drame sacré	12. »	9. »	10. »
—	**Le Roi de Lahore**, opéra en 5 actes	20. »	15. »	16. »
—	**La Vierge**, légende sacrée	15. »	11.25	12.25
—	**Poèmes d'amour, d'avril**, etc., chaque	5. »	3.75	4. »
Messager (A.)	**La Fauvette du Temple**, op.-com. 3 actes	12. »	9. »	10. »
Bernicat (F.) et Messager	**François les Bas-Bleus**, op.-c. 3 a.	12. »	9. »	10. »

MUSIQUE

			PRIX à L'ODÉON	FRANCO en PROVINCE
MEYERBEER (G.). .	**L'Africaine**, opéra en 5 actes.	20. »	15. »	16. »
—	**L'Etoile du Nord**, op.-com. en 3 actes. . . .	20. »	15. »	16. »
—	**Les Huguenots**, opéra en 5 actes.	20. »	15. »	16. »
—	**Le Pardon de Ploërmel**, op.-com. 3 actes.	20. »	15. »	16. »
—	**Le Prophète**, opéra en 5 actes	20. »	15. »	16. »
—	**Robert le Diable**, opéra en 5 actes. . . .	20. »	15. »	16. »
—	**Struensée**, tragédie lyrique.	8. »	6. »	7. »
—	Ballets de ses opéras	8. »	6. »	7. »
MOZART.	**Don Juan**, opéra en 5 actes.	12. »	9. »	10. »
—	**Les Noces de Figaro**, op.-com. 4 actes.	12. »	9. »	10. »
NICOLO	**Joconde**, op.-com. en 3 actes.	12. »	9. »	10. »
OFFENBACH (J.). .	**Les Contes d'Hoffmann**, op. fantast. 4 act.	15. »	11.25	12.25
—	**Les Deux Aveugles**, op. bouffe en 1 acte.	3. »	2.25	2.50
—	**La Fille du Tambour-major**, op.-c. 3 act.	12. »	9. »	10. »
—	**La Grande Duchesse de Gérolstein**, opéra bouffe en 3 actes	12. »	9. »	10. »
—	**La Périchole**, op. bouffe en 3 actes. . .	12. »	9. »	10. »
—	**La Princesse de Trébizonde**, op. b. 3 act.	12. »	9. »	10. »
—	**La Vie parisienne**, op. bouffe en 3 actes. .	12. »	9. »	10. »
PESSARD (E.). . .	**Tabarin**, opéra en 2 actes.	15. »	11.25	12.25
PLANQUETTE (R.).	**Les Cloches de Corneville**, op.-c. 3 actes. .	12. »	9. »	10. »
—	**Rip-Rip**, op.-com. en 3 actes.	12. »	9. »	10. »
REYER (E.). . . .	**Sigurd**, opéra en 5 actes.	20. »	15. »	16. »
ROSSINI.	**Le Barbier de Séville**, op.-com. 4 actes. .	12. »	9. »	10. »
—	**Le Comte Ory**, opéra en 2 actes.	15. »	11.25	12.25
—	**Guillaume Tell**, opéra en 4 actes.	20. »	15. »	16. »
—	**Moïse**, opéra en 4 actes.	20. »	15. »	16. »
—	**Stabat Mater**	8. »	6. »	7. »
—	**Le Siège de Corinthe**, opéra en 3 actes. .	20. »	15. »	16. »
SAINT-SAENS . . .	**Henry VIII**, opéra en 5 actes.	20. »	15. »	16. »
SUPPÉ (F. de). . .	**Boccace**, op.-com. en 3 actes.	15. »	11.25	12.25
—	**Fatinitza**, op.-com. en 3 actes.	15. »	11.25	12.25
THOMAS (A.). . .	**Le Caïd**, op. bouffe en 2 actes	15. »	11.25	12.25
—	**Hamlet**, opéra en 5 actes.	20. »	15. »	16. »
—	**Mignon**, op.-com. en 3 actes	15. »	11.25	12.25
—	**Le Songe d'une Nuit d'été**, op.-c. 3 actes.	15. »	11.25	12.25
VARNEY (L.). . .	**Les Mousquetaires au Couvent**, op.-c. 3 a.	12. »	9. »	10. »
—	**Les Petits Mousquetaires**, opérette 3 actes.	12. »	9. »	10. »
VASSEUR (L.) . . .	**Le Mariage au Tambour**, op.-com. 3 actes.	12. »	9. »	10. »
VERDI.	**Aïda**, opéra en 4 actes.	20. »	15. »	16. »
—	**Rigoletto**, opéra en 4 actes.	20. »	15. »	16. »
—	**Le Trouvère**, opéra en 4 actes	20. »	15. »	16. »
—	**Violetta (la Traviata)**, opéra en 4 actes. . .	20. »	15. »	16. »
WAGNER	**Lohengrin**, opéra en 3 actes.	15. »	11.25	12.25
—	**Tannhauser**, opéra en 3 actes.	15. »	11.25	12.25
—	**Le Vaisseau fantôme**, opéra en 3 actes . .	15. »	11.25	12.25
—	**La Walkyrie**, traduction Victor Wilder . .	20. »	15. »	16. »

MUSIQUE			PRIX À L'ODÉON	FRANCO en PROVINCE
WEBER	Euryanthe, opéra en 3 actes	12. »	9. »	10. »
—	Le Freischutz, avec les récitatifs de Berlioz.	12. »	9. »	10. »
	MÉLODIES ET DUOS EN RECUEIL			
BIZET (G.).	20 Mélodies, 1er vol., 2 tons.	10. »	7.50	8.50
—	10 Mélodies, 2e volume (œuvre posthume), 2 tons	10. »	7.50	8.50
GOUNOD (Ch.). . . .	80 Mélodies, 4 vol., 3 tons ; chaque vol. . .	10. »	7.50	8.50
LACOME (P.). . . .	40 Mélodies, 2 vol., 2 tons ; chaque vol. . .	10. »	7.50	8.50
LEYBACH	20 Mélodies	10. »		5. »
MASSENET.	40 Mélodies, 2 vol., 2 tons ; chaque vol. . .	10. »	7.50	8.50
FAURE (J.)	60 Mélodies, 3 vol., 2 tons ; chaque vol. . .	10. »	7.50	8.50
SCHUBERT	40 Mélodies choisies (édit. Brandus), 1 vol.	7. »	5.25	6.25
SCHUMANN.	50 Mélodies, 1 vol.	10. »	7.50	8.50
	MÉTHODES ET SOLFÈGES			
AUDUBERT (J.) . . .	L'Art du Chant, suivi du Maintien théâtral.	15. »	5. »	6. »
FAURE (J.)	La Voix et le Chant	20. »	15. »	16. »
DURAND (E.) . . .	Traité complet d'harmonie.	25. »	20. »	21. »
—	Réalisations du cours d'harmonie.	12. »	10. »	11. »
—	Traité d'accompagnement	18. »	14. »	15. »
CATEL.	Traité d'harmonie.	2. »	1.60	1.75
RODOLPHE.	Petit Solfège.	2. »	1.60	1.75
—	Solfège, grand format.	4. »	3.25	3.50
LEDUC.	Méthode de piano (35e édition).	12. »	2.75	3.25
CROZELLI	Méthode de piano	10. »	2.25	2.75
MAZAS	Méthode de violon	25. »	5. »	5.75
KREUTZER.	40 Études pour violon.	15. »	2. »	2.50
	Petites Méthodes pour tous les instruments à. . . .			1.10

TARIF DES GLOBES TERRESTRES ET CÉLESTES

Nouvelle édition contenant toutes les **Nouvelles Colonies** et les Découvertes les plus récentes.

(COLLECTION IKELMER)

GLOBES TERRESTRES

Nos D'ORDRE.	DIAMÈTRE.	A Montés sur tige droite, pied bois.		B Montés sur inclinaison, pied bois noir.		C Montés sur pied fonte bronzé.		D Montés sur demi-méridien cuivre, pied bois noir.		E Montés sur méridien complet cuivre, pied noir verni.	
		PRIX		PRIX		PRIX		PRIX		PRIX	
		à l'Odéon	en province, *franco.*	à l'Odéon.	en province, *franco.*	à l'Odéon.	en province, *franco.*	à l'Odéon.	en province, *franco.*	à l'Odéon.	en province, *franco.*
1	0m08	1 50	2 25	2 »	3 25	2 50	3 50	3 »	4 »	8 »	10 »
2	0 11	4 »	5 50	5 »	6 50	6 »	8 »	7 »	9 50	13 »	15 »
3	0 15	5 »	7 »	6 »	7 58	7 »	9 »	9 »	11 »	16 »	18 50
4	0 19	7 »	9 50	9 »	11 50	10 »	12 50	12 »	14 50	22 »	25 »
5	0 25	10 »	13 »	12 »	15 »	14 »	17 »	18 »	21 50	27 »	31 »
6	0 33	13 »	17 »	16 »	20 »	18 »	22 »	24 »	28 »	38 »	43 »
7	0 60	35 »	40 »	45 »	50 »	60 »	68 »	70 »	80 »	145 »	160 »
					GLOBES CÉLESTES						
8	0 25	10 »		12 »		14 »		18 »		28 »	
9	0 33	13 »		16 »		18 »		24 »		38 »	

LA MARINE FRANÇAISE

PERSONNEL ET MATÉRIEL

Album de 21 planches en couleurs, renfermées dans un carton.

2 francs, net 1 fr. 25, *franco* 1 fr. 50.

BONS POINTS GÉOGRAPHIQUES

Album contenant une carte de chaque département (87 départements) renfermées dans un carton.

6 francs, net 3 fr. 75, *franco* 4 francs.

PARIS. — IMP. C. MARPON ET E. FLAMMARION, RUE RACINE, 26.

www.ingramcontent.com/pod-product-compliance
Ingram Content Group UK Ltd.
Pitfield, Milton Keynes, MK11 3LW, UK
UKHW021517260726
13993UKWH00004B/1723